AF229082

RELATION HISTORIQUE

DES ÉVÉNEMENTS

DU 30 OCTOBRE 1836.

RELATION HISTORIQUE
DES ÉVÉNEMENTS DU 30 OCTOBRE 1836.

LE PRINCE

NAPOLÉON A STRASBOURG,

par M. Armand Laity,

EX-LIEUTENANT D'ARTILLERIE, ANCIEN ÉLÈVE DE L'ÉCOLE POLYTECHNIQUE.

> Tout parti obligé d'agir dans l'ombre est réduit à des démarches qu'on appelle intrigues lorsqu'elles ne sont pas heureuses.
>
> (THIERS, *Hist. de la Rév.*, tom. II, p. 119, 4e Ed.)
>
> A Waterloo Napoléon calculait pour lui quatre-vingt-dix chances sur cent, mais avec les dix était la fatalité!
>
> (E. ROCK, *Insurrect. de Strasb.*)

PARIS,

IMPRIMERIE DE LB. THOMASSIN ET COMPAGNIE,
RUE SAINT-SAUVEUR, 30.

1838.

RELATION HISTORIQUE

DES ÉVÉNEMENTS

du 30 Octobre 1836.

Vingt ans d'exil pesaient sur la famille de l'empereur; depuis le désastre de Waterloo, la France n'avait plus entendu prononcer le nom de Bonaparte que pour apprendre des nouvelles de deuil, lorsque l'entreprise de Strasbourg vint rappeler à la vie un parti qui semblait mort, et réveiller les secrètes sympaties du peuple.

L'entreprise du prince Napoléon (1) a été mal jugée, et dans les motifs qui l'ont amenée,

(1) Le prince Charles-Louis Napoléon, fils de Louis Napoléon, roi de Hollande, et de la reine Hortense, naquit à Paris le 20 avril 1808; il eut pour parrain l'empereur, et pour marraine l'impératrice Marie-Louise. Ce n'est qu'en 1831, en devenant fils unique par la mort de son frère aîné; qui avait été grand-duc de Berg, qu'il prit le nom de Napoléon-Louis, en vertu d'un pacte de famille par lequel l'empereur avait décidé que l'aîné de la famille impériale s'appellerait toujours Napoléon. C'est ainsi que le grand-duc de Berg, dont le nom primitif était Louis-Na-

et dans ses moyens d'exécution, et dans ses résultats.

Le prince devait survivre à ses rêves de gloire, et l'acte violent qui vint le soustraire à la justice le livra sans défense aux attaques des partis toujours prêts à se ruer sur les tentatives hardies que la fortune abandonne. Il a recommencé un nouvel exil, laissant en France ses actes dénaturés, ses intentions calomniées et méconnues. Dans les premiers moments il était difficile de faire connaître tout ce qui avait rapport à l'insurrection du 30 octobre : on manquait de renseignements exacts; l'auteur de l'insurrection était à deux mille lieues de nous, et sa défaite était trop récente pour pouvoir en parler avec calme (1). Maintenant que les passions sont apaisées, il est de notre

poléon, avait pris le nom de Napoléon-Louis, à la mort de son frère aîné, le prince royal de Hollande, mort à l'âge de cinq ans, à La Haye.

(1) Cependant, peu de temps après le 30 octobre, M. de Persigny, aide-de-camp du prince, avait fait paraître à Londres une brochure qui excita un vif intérêt, et à laquelle nous avons emprunté un grand nombre de renseignements.

Les autres brochures publiées sur le même sujet sont : *Insurrection de Strasbourg, présentée dans ses proportions historiques*, par M. E. Roch; Paris, au bureau de l'*Observateur des Tribunaux*; *Procès de l'insurrection militaire du 30 octobre 1836, jugé par la cour d'assises du* devoir de faire connaître la vérité ; nous montrerons les choses telles qu'elles se sont passées, et l'on verra que ce n'est qu'après de graves investigations sur l'état de la France, que ce n'est qu'après avoir pesé froidement toutes les chances qui étaient en faveur de son entreprise que le prince en arrêta l'exécution.

Depuis la mort de l'empereur et de son fils, la France n'avait plus qu'un souvenir vague des membres de la famille de Napoléon encore existants. Sa gloire avait été si grande, que tous les hommes de son époque avaient dû s'éclipser devant elle. Quant à ses neveux, l'exil les avait arrachés dès leur plus tendre jeunesse à leurs compatriotes, et la génération nouvelle ne les connaissait pas. Le parti napoléonien n'avait donc plus un homme qui rappelât à lui les sympathies de la nation, et qui fût le représentant de la cause populaire, qui s'était élevée avec la gloire et qui disparut avec les revers de la patrie.

Mais une cause trouve toujours un homme pour la représenter, et la destinée avait permis que, dans la famille de l'empereur, il se trou-

Bas-Rhin ; Strasbourg, chez Sibbermann ; *De la Tentative de Napoléon-Louis*, par M. James Fazy ; Genève, 1836 ; *Biographies du colonel Vaudrey et du général Voirol*, par MM. Germain Sarrut et Saint-Edme. (*Biographie des des Hommes du Jour.*)

vât un héritier de ce grand nom, qui eût les épaules assez larges pour soutenir le poids de vingt ans de malheurs et le fardeau, bien plus lourd encore, d'un avenir qu'il lui fallait conquérir, pied à pied, par son mérite et son courage.

Il est curieux de remarquer que le roi de Rome et le prince Napoléon, dont nous parlons aujourd'hui, furent les deux seuls princes de la famille qui naquirent sous le règne *impérial;* aussi furent-ils les deux seuls qui reçurent à leur naissance les honneurs militaires et les hommages du peuple. Des salves d'artillerie annoncèrent la naissance du prince Napoléon, sur toute la ligne de la grande armée, dans la vaste étendue de l'Empire et dans le royaume de Hollande.

La France était alors à l'apogée de ses grandeurs et de ses prospérités. Le génie de Napoléon réorganisait l'Europe, et la suprématie de la révolution française dominait toutes les puissances. Pour donner à sa force continentale l'idée de la durée et de la fixité, l'empereur saluait avec bonheur la venue des héritiers mâles de sa fortune politique. C'étaient des continuateurs futurs de ses projets, de sa pensée, de son nom et de son pouvoir, qu'il voyait dans les fils de son frère Louis, que le plébiscite de l'an XII appelait à lui succéder après le roi Joseph qui n'avait pas d'enfants mâles (1).

Le prince Napoléon, élevé par sa mère dans les sentiments les plus français, sentit, dès son jeune âge, les devoirs que lui imposait le grand nom que le sort lui avait donné. Après la révolution de 1830, il n'avait écouté que ses sentiments de citoyen, et il avait demandé au roi Louis-Philippe de servir comme simple soldat dans les rangs de l'armée française. On lui répondit par un nouvel acte de bannissement. Indigné de se voir fermer la patrie, après une révolution qui avait ramené le drapeau tricolore, et ne voulant pas être inutile à la cause des idées libérales, jeune et sans expérience, il courut combattre dans les rangs des patriotes italiens : c'est dans ces événements qu'il perdit son frère, qui, comme lui, s'y était distingué et par son courage et par son activité. Les vicissitudes humaines ont de tristes enseignements ; mais au moins le prince dut au malheur les avantages d'une éducation libé-

(1) La question qui fut proposée à l'acceptation du peuple était ainsi rédigée : « Le peuple veut L'HÉRÉDITÉ DE LA DIGNITÉ IMPÉRIALE dans la descendance directe, naturelle, légitime et adoptive de NAPOLÉON BONAPARTE, et dans la descendance directe, naturelle et légitime de JOSEPH BONAPARTE et de LOUIS BONAPARTE, ainsi qu'il est réglé par le sénatus-consulte du 28 floréal an XII. »

rale. Loin des courtisans, il put apprendre que la véritable grandeur consiste dans le mérite personnel, et que c'est par l'esprit et le cœur que l'on devient aujourd'hui quelque chose. Après les événements d'Italie, il revint en Suisse et se livra à de graves études, qui ont fait de lui un homme distingué dans les différentes branches des sciences pratiques.

C'était en 1832, Napoléon II vivait encore et était le but de bien des espérances. Le prince Napoléon se chargea de le représenter auprès des nombreux partisans que le fils de l'empereur comptait en France. On sait qu'à cette époque une grande partie de l'armée était prête à recevoir Napoléon II, s'il se présentait à la frontière. Un corps d'armée tout entier, colonels et généraux compris, l'attendait, et, vu l'impossibilité où se trouvait le jeune prince d'y arriver, les chefs étaient prêts à accueillir son cousin, s'il était muni d'une simple lettre de Napoléon II. La mort du duc de Reichstadt fit avorter ce grand projet; mais les vœux et les désirs de la plupart des partisans du roi de Rome se tournèrent alors sur le prince Napoléon. Qui mieux que lui, en effet, pouvait remplacer le fils de l'empereur? Elevé par une mère française, il avait déjà donné des preuves de ses sentiments patriotiques; et son caractère, autant que son origine, étaient d'heureuses garanties. Il était fils du roi honnête homme, qui, en 1810, aima mieux perdre son trône que d'agir contre sa conscience; fils de la reine Hortense, qui laissait tant de souvenirs en France; neveu du prince Eugène, petit-fils de l'impératrice Joséphine.

Mais le prince, voyant que la mort du duc de Reichstadt avait porté un coup funeste à son parti, sentit, malgré les protestations de quelques individus qui le pressaient d'agir immédiatement, qu'il devait d'abord se faire connaître personnellement, pour rallier à sa personne tous les anciens partisans de son cousin ; aussi s'appliqua-t-il avec assiduité à mettre à profit les fortes études de sa jeunesse, afin de se distinguer par ses écrits, puisque tout autre moyen de se rappeler à la France lui était interdit. C'est alors qu'avec la fermeté d'un jeune homme et toute la persévérance de l'âge mûr, il trouva dans l'étude le moyen de poursuivre son idée de prédilection, la résurrection du parti napoléonien. En 1833, il écrivit une brochure sur la Suisse, dont nous extrayons un passage pour prouver quelles étaient les idées qui l'occupaient depuis longtemps. En parlant de l'acte de médiation qui fut donné à la Suisse en 1804, il s'exprime ainsi : Cet acte apporta, avec la pacification

« des troubles intérieurs, de grands avantages.
« Il garantit la souveraineté du peuple, il
« abolit toute préséance d'un pays sur un
« autre ; il n'y eut plus de sujets en Suisse,
« tous furent citoyens. L'acte de médiation
« fut donc un bien pour la Suisse, parce qu'il
« cicatrisa ses blessures et assura ses libertés.
« Mais ne nous faisons pas illusion : pourquoi
« l'empereur avait-il laissé le pouvoir central
« sans force et sans vigueur ?

« C'est qu'il ne voulait pas que la Suisse
« pût entraver ses projets ; il désirait qu'elle
« fût heureuse, mais momentanément nulle ;
« et d'ailleurs, sa conduite pour ce pays est
« conforme à celle qu'il adopta pour tous les
« autres. Partout il n'installa que des gouver-
« nements de transition entre les idées an-
« ciennes et les idées nouvelles. Partout on
« peut remarquer, dans ce qu'il établit, deux
« éléments distincts : une base provisoire avec
« les dehors de la stabilité ; une base provi-
« soire, parce qu'il sentait que l'Europe vou-
« lait être régénérée ; avec les dehors de la
« stabilité, afin d'abuser ses ennemis sur ses
« grands projets, et pour qu'on ne l'accusât
« pas de tendre à l'empire du monde. C'est
« dans ce seul but qu'il surmonta d'un diadème
« impérial ses lauriers républicains, c'est dans
« ce seul but qu'il mit ses frères sur des trônes.

« Un grand homme n'a pas les vues
« étroites et les faiblesses que lui prête le
« vulgaire; si cela était, il cesserait d'être un
« grand homme. Ce n'est donc pas pour don-
« ner des couronnes à sa famille qu'il nomma
« ses frères rois, mais bien pour qu'ils fus-
« sent, dans les divers pays, les piliers d'un
« nouvel édifice. Il les fit rois pour qu'on crût
« à la stabilité et qu'on n'accusât pas son am-
« bition. Il y mit ses frères, parce qu'eux
« seuls pouvaient concilier l'idée d'un chan-
« gement avec l'apparence de l'inamovibilité;
« parce qu'eux seuls pouvaient être soumis à
« sa volonté, quoique rois; parce qu'eux seuls
« pouvaient se consoler de perdre un royaume
« en redevenant princes français. Mon père,
« en Hollande, fut un exemple frappant de
« ce que j'avance. Si l'empereur Napoléon
« eût nommé un général français au lieu de
« son frère, en 1810, les Hollandais se fus-
« sent battus contre la France. Mon père, au
« contraire, ne croyant pas pouvoir concilier
« les intérêts du peuple qu'il était appelé à
« gouverner avec ceux de la France, préféra
« perdre son royaume plutôt que d'aller con-
« tre sa conscience ou contre son frère. L'his-
« toire nous offre rarement un aussi bel exem-
« ple de désintéressement et de loyauté !
« Si l'on examine toute la conduite de Napo-

« léon, on trouvera partout les mêmes symptô-
« mes de progrès, les mêmes apparences de sta-
« bilité. C'est là le fond de son histoire. Mais,
« dira-t-on, quand devait être le terme de cet
« état provisoire? A la paix avec la Russie, et
« à l'abaissement du système anglais. S'il eût
« été vainqueur, on aurait vu le duché de Var-
« sovie se changer en nationalité polonaise ;
« la Westphalie se changer en nationalité al-
« lemande ; la vice-royauté d'Italie se changer
« en nationalité italienne. En France, un ré-
« gime libéral eût remplacé le régime dictato-
« rial ; partout stabilité, liberté, indépen-
« dance, au lieu de nationalités incomplètes
« et d'institutions transitoires. »

Il fut fait mention de cette brochure dans
une des séances de la diète helvétique comme
d'un ouvrage remarquable ; quelque temps
après on décerna au prince le titre de citoyen
de la république, qualification honorifique,
marque de considération que les Suisses dé-
cernèrent de tout temps comme une preuve
d'estime, dont le maréchal Ney et le prince de
Metternich avaient été autrefois honorés.

Deux ans plus tard, le prince Napoléon fit
paraître un manuel d'artillerie (1), fruit de

(1) On lit dans la *Biographie des Hommes du Jour* que
le compte-rendu de ce Manuel dans *le Spectateur militaire* fut généralement attirbué au général Pelet, et qu'on

trois années d'un travail assidu et opiniâtre : tous les journaux militaires ont fait l'éloge de cet ouvrage, justifiant ainsi la réputation qu'il a acquise à son auteur auprès des officiers d'artillerie des différentes puissances de l'Europe. Mais terminons ces détails biographiques, qui sont hors de notre sujet, et arrivons aux considérations qui ont inspiré au prince la résolution de sa tentative politique.

Par le dernier exercice de la souveraineté nationale, par le plébiscite de l'an XII, le peuple français avait placé la couronne impériale sur la tête du vainqueur de Marengo (1); par cet acte solennel il avait voulu confier le dépôt de ses intérêts et de ses droits, exposés à périr en passant si souvent de mains en mains, à la garde d'une famille nouvelle, sortie du peuple, et par conséquent intéressée à garder ce dépôt précieux. En 1814 et 1815, la trahison et les baïonnettes étrangères livrèrent la nation à la sainte-alliance ; le peuple ne fut plus consulté.

Le prince Napoléon avait la conviction profonde que, tant qu'un vote général n'aurait pas sanctionné un gouvernement quelconque, les

cita cet ouvrage comme le meilleur traité d'artillerie qui existe en Europe.

(1) Napoléon reçut trois fois la sanction populaire :

diverses factions agiteraient constamment la
France ; tandis que des institutions passées à
la sanction populaire, choisies et créées volon-
tairement par le peuple, pouvaient seules amener la résignation des partis et la paix véritable qu'il souhaitait à sa patrie. Cette opinion, sur laquelle il avait profondément mé-
dité, il l'expliquait en ces termes dans ses conversations intimes : « Le temps des préjugés
est passé, le prestige du droit divin s'est éva-
noui en France avec les vieilles institutions
féodales. Une ère nouvelle a commencé. Les
peuples désormais sont appelés au libre déve-
loppement de leurs facultés. Mais dans cette

comme consul, comme consul à vie, comme empereur.

Consulat : constitution de l'an
VIII, sur. . . . . 3,012,569 votants,
1,562 ont rejeté.
3,011,007 ont accepté.

Consulat à vie, sur. . . . . . . 3,577,259 votants,
8,374 ont rejeté,
3,568,885 ont accepté.

Empire héréditaire, sur. . . . . 3,524,254 votants,
2,579 ont rejeté,
3,521,675 ont accepté.

Dans la constitution de 93, il
n'y avait eu que. . . . . 1,801,918 acceptants,
11,600 refusants.

Pour celle de l'an III. . . . . 1,057,390 acceptants,
49,977 refusants.

impulsion générale, imprimée à la civilisation moderne, qui règle le mouvement, qui préservera le peuple des dangers de sa propre activité? Quel gouvernement sera assez puissant, assez respecté pour assurer à la nation la jouissance de grandes libertés, sans agitations, sans désordres? Il faut à un peuple libre un gouvernement revêtu d'une immense force morale, et que cette force soit proportionnée à la masse des libertés populaires. Sans cette condition, le pouvoir, privé d'un étai moral suffisant, forcé par le besoin de sa conservation, ne recule alors, pour se maintenir, devant aucun expédient, aucune illégalité. L'inertie du plus grand nombre, effrayé d'un danger momentané, protège ces actes de nécessité; et l'on se trouve heureux d'acheter, au prix même de la violation des lois, un peu d'ordre et de tranquillité : extrémité toujours fatale pour une grande nation.

« Comment donc recréer la majesté du pouvoir? Où trouver un principe de force morale devant lequel s'inclinent les partis et s'annullent les résistances individuelles? Où chercher enfin le prestige du droit, qui n'existe plus en France dans la personne d'un roi, d'un seul, si ce n'est dans le droit, dans la volonté de tous? C'est qu'il n'y a de force que là. Les hommes qui, en 1830, ont méconnu ce principe, ont trahi nos intérêts les plus sacrés; ils ont bâti un édifice dont ils ont oublié les fondations. En négligeant de faire servir la souveraineté du peuple à l'établissement de l'ordre, ils ont préparé de grands malheurs pour l'avenir de la France et de l'Europe; d'autres s'en serviront pour produire le désordre et l'anarchie. »

Le Prince eut sur ce sujet des conversations avec plusieurs hommes influents. Il lui fut démontré que les opinions les plus extrêmes, quoique dans des intérêts contraires, s'entendaient toutes sur le principe fondamental de la souveraineté nationale, que *l'appel au peuple* des républicains, la *réforme électorale* de l'opposition parlementaire, le *vote universel* des royalistes, accusaient une foi commune à tous les partis. Quand on voit les fils des émigrés de Coblentz invoquer à leur tour la doctrine du vote universel, n'est-il pas démontré que les principes de la révolution de 1789 ont enfin pénétré dans toutes les têtes, et qu'il ne manque plus à la génération présente qu'une occasion solennelle d'en faire l'application? Alors seulement cette grande révolution sera terminée. Or qui pouvait, mieux que le prince Napoléon, aider à l'accomplissement de cette œuvre sociale, lui dont le nom est une garantie de *liberté* pour les uns, *d'ordre* pour les autres, et un souvenir *de gloire* pour tous.

Le prince Napoléon était profondément convaincu de la vérité de ces principes ; mais devant l'immense responsabilité qu'il voulait encourir, il avait besoin d'être fortifié par la démonstration pratique des événements ; or, rien ne pouvait mieux confirmer son opinion que la succession des faits accomplis depuis cinq ans. Les émeutes de Paris et des provinces ; les événements des 5 et 6 juin, des 13 et 14 avril, ceux de Lyon, de Grenoble, etc. ; les agitations sans cesse renaissantes sur tous les points de la France, le licenciement des gardes nationales de Lyon, Strasbourg, Grenoble, etc. ; tout lui démontrait qu'il ne s'était pas trompé sur l'état précaire d'un pouvoir mal établi ; et, quand les partis, lassés de se faire battre isolément, cessèrent de troubler la tranquillité des rues, il ne se méprit pas sur leur prétendue résignation. Le pouvoir se vit chaque jour contraint de chercher sa force dans un nouveau sacrifice de nos libertés ; et s'il réussit un moment à désarmer les partis, il n'en rallia aucun. Ainsi ce n'était que pour obtenir une tranquillité factice qu'il avait compromis la dignité de la France en Europe.

Depuis plusieurs années, le Prince s'était lié, par des relations amicales ou scientifiques, avec des hommes distingués de tous les partis ;

Ainsi, en 1832, il vit en Suisse M. de Châteaubriand, avec lequel il eut de longues et graves conversations. On verra que ce jeune homme de vingt-quatre ans sut intéresser, par l'exposé de ses opinions et de ses principes, un homme aussi remarquable que M. de Châteaubriand. Voici la lettre qu'il en reçut au sujet d'un écrit qu'il avait publié.

« Prince, j'ai lu avec attention la petite bro-
« chure que vous avez bien voulu me confier ;
« j'ai mis par écrit, comme vous l'avez désiré,
« quelques réflexions, naturellement nées des
« vôtres, et que j'avais déjà soumises à votre
« jugement. »

« Vous savez, Prince, que mon jeune roi
« est en Écosse ; que, tant qu'il vivra, il ne
« peut y avoir pour moi d'autre roi de France
« que lui. Mais si Dieu, dans ses impénétrables
« desseins, avait rejeté la race de S. Louis ;
« si notre patrie devait revenir sur une élection
« qu'elle n'a pas sanctionnée, et si ses mœurs
« ne lui rendaient pas l'état républicain possi-
« ble, alors, Prince, il n'y a pas de nom qui
« aille mieux à la gloire de la France que le
« vôtre.

« Je garderai un profond souvenir de votre
« hospitalité et du gracieux accueil de ma-
« dame la duchesse de Saint-Leu. Je vous prie

« de mettre à ses pieds l'hommage de ma re-
« connaissance et de mon respect.

« Je suis avec une haute considération,
« Prince, votre très-humble et très-obéissant
« serviteur.

« *Signé* : CHATEAUBRIAND. »

Lucerne, 7 septembre 1832.

En 1833 le général Lafayette fit dire au
Prince qu'il désirait beaucoup avoir une entre-
vue avec lui. On s'étonnera peut-être de voir
le neveu de l'empereur se lier avec celui qui,
en 1815, éleva le premier la voix pour renverser le héros malheureux ; mais le général
Lafayette avait prouvé par son opposition de
quinze ans à la Restauration qu'il se repentait
de son erreur ; et puis le Prince disait souvent :
« Il faut que le parti national oublie les griefs
réciproques, qu'il s'unisse pour être compact et
fort. On ne dira jamais de moi ce que l'Empereur
disait des Bourbons , que, pendant leur long
exil, ils n'avaient rien appris et rien oublié. »
Le rendez-vous fut donc donné : le général Lafayette reçut le Prince avec la plus grande cor-
dialité. Il lui avoua qu'il se repentait cruelle-
ment de ce qu'il avait aidé à faire en juillet ;
mais, ajoutait-il, la France n'est pas républicaine, et nous n'avions alors personne à placer
à la tête de la nation : on croyait Napoléon II

prisonnier à Vienne ! Il engagea fortement Napoléon-Louis à saisir la première occasion favorable de revenir en France ; car, disait-il, ce gouvernement-ci ne pourra pas se soutenir, et votre nom est le seul populaire ; enfin il lui promit de l'aider de tous ses moyens lorsque le moment serait arrivé.

Beaucoup de personnes étaient venues trouver Napoléon-Louis, depuis la mort de Napoléon II, pour l'engager à ourdir quelque conspiration. Le Prince s'est toujours refusé à de semblables moyens ; son seul et unique plan, que lui seul savait, et qu'il nous a maintenant permis de révéler, consistait à avoir dans tous les partis des personnes qui connussent ses vues patriotiques et son esprit de conciliation ; et, dans chaque régiment, un, ou plusieurs officiers dont le caractère et les opinions bien connues de lui fussent des garanties suffisantes de leur dévouement à sa cause. Cette organisation, bien étrangère à une conspiration vulgaire, était achevée dès 1835. Il avait alors tout ce qu'il pouvait désirer en éléments de force ; il ne lui fallait plus que choisir une circonstance et s'assurer du concours des divers partis.

Il était important de savoir l'attitude que prendrait le parti républicain à la nouvelle d'un mouvement tenté avec l'aigle impériale ;

le Prince voulut connaître d'une manière précise quelles pouvaient être les espérances et les intentions de ce parti. Un de ses amis fut envoyé à Carrel : c'était une mission bien délicate et qui demandait les plus grands ménagements. On prit pour prétexte l'envoi du *Manuel d'artillerie* publié par le Prince. Carrel se montra républicain pur et désintéressé, plein de cette noble ambition qui n'a que la patrie pour objet; il parut avoir peu de confiance dans une réalisation prochaine de ses idées.

« Le parti républicain, dit-il, est miné par deux causes qui paralyseront long-temps ses efforts : la première, est la faute commise par une jeunesse imprudente, en exhumant les souvenirs d'une époque dont la moralité politique ne peut être appréciée par la foule; la seconde et la plus grande, c'est le manque d'un chef et l'impossibilité d'en improviser un dans les circonstances présentes. »

Mais, répliqua l'envoyé du Prince, vos travaux, vos talents, votre caractère, ne vous ont-ils pas déjà élevé à cette position?

« La mort de Lafayette, reprit Carrel, avec une modestie pleine des plus nobles sentiments, a fait jeter les yeux sur moi; mais, croyez qu'il faut pour jouer ce rôle, le prestige de travaux plus grands, plus brillants surtout que les miens. Quand je ne puis parvenir à rallier un parti, comment me serait-il possible de les rallier tous ? »

Il fut alors question du Prince.

« Les ouvrages politiques et militaires de Napoléon-Louis Bonaparte, dit l'écrivain républicain, annoncent une forte tête et un noble caractère ; le nom qu'il porte est le plus grand des temps modernes ; c'est le seul qui puisse exciter fortement les sympathies du peuple français. Si ce jeune homme sait comprendre les nouveaux intérêts de la France ; s'il sait oublier ses droits de légitimité impériale pour ne se rappeler que la souveraineté du peuple, il peut être appelé à jouer un grand rôle. »

Quant à la question étrangère, le Prince pensait que la guerre n'aurait pas été imminente. Plusieurs cours se seraient ralliées plus facilement à un Napoléon, à un gouvernement fort parce qu'il eût été populaire, qu'à toute autre combinaison politique. *Le grand avantage*, disait-il souvent, *de la cause impériale, c'est d'être pour l'Europe l'emblème d'un pouvoir légitime, tout en représentant en France un principe démocratique.* Le Prince était donc assuré, autant qu'il pouvait l'être, de la sympathie du peuple pour sa cause, de l'assentiment de l'armée et des dispositions favorables des différents partis, lorsqu'il reçut des lettres qui le portèrent à croire que le moment approchait où il pourrait profiter des amis qu'il avait depuis long-temps, pour renverser un gouvernement qu'il croyait opposé au bonheur de son pays. Des hommes qui, par leur position sociale, par leurs antécédents, par leur caractère, méritaient toute sa confiance, lui écrivirent, quelque temps après l'attentat d'Alibaud, pour lui dépeindre l'état précaire de la France. « Nous ne jouissons pas du présent, disaient-ils, car l'avenir nous effraie ; le pouvoir, depuis six ans, n'a rien fondé : il a réprimé les nobles passions, énervé les cœurs, sans inspirer ni sécurité, ni confiance ; et comment l'aurait-il pu ? Lui qui n'a ni l'appui des siècles, ni celui que donne la sanction du peuple, ni même le prestige d'une glorieuse origine. Le plus fort n'est jamais assez fort pour être toujours le maître, s'il ne transforme sa force en droit et l'obéissance en devoir.... La vie du roi est journellement menacée ; si l'un de ces attentats réussissait, nous serions exposés aux plus graves bouleversements, car il n'y a plus en France, ni un parti qui puisse rallier les autres, ni un homme qui inspire une confiance générale. Dans cette position, Prince, nous avons jeté les yeux sur vous ; le grand nom que vous portez, vos opinions, votre caractère, tout nous engage à voir en vous un point de ralliement pour la cause populaire. Tenez-vous prêt à agir, et, lorsque le temps sera venu, vos amis ne vous manqueront pas. »

Au mois de juillet 1836 le Prince se rendit à Bade, non pour conspirer, comme on l'a dit, mais pour se rapprocher de la France, et juger encore par lui-même de l'opinion du pays. Il y reçut, pendant son séjour, la visite d'un grand nombre d'habitants et d'officiers des villes d'Alsace et de Lorraine ; tous lui exprimaient des sentiments qui devaient puissamment fortifier sa conviction. D'ailleurs, l'intérêt visible qu'excitait partout sa présence lui prouvait assez que la magie du nom de Napoléon ne s'était pas éteinte avec l'empereur et le duc de Reichstadt.

Tout concourait donc à augmenter en lui la foi qu'il avait dans le succès de la cause napoléonienne ; cependant, comme nous l'avons dit, rien n'était encore arrêté. Le Prince, ayant des amis dévoués dans toutes les grandes villes, ne pouvait encore savoir si le mouvement qu'il projetait se ferait dans les départements ou dans la capitale elle-même ; mais, parmi les officiers qu'il vit à Bade, un surtout réunissait toutes les conditions nécessaires à l'accomplissement de ses projets. C'était le colonel Vaudrey, du 4e régiment, commandant *par interim* toute l'artillerie de Strasbourg. Cet officier lui parut devoir être le pilier du nouvel édifice qu'il voulait élever, et dès-lors Strasbourg fut fixé, dans son esprit, comme le lieu qui devait le premier saluer l'aigle nationale. Depuis long-temps le Prince était en relation avec le colonel, comme il l'était avec beaucoup d'autres officiers, mais sans qu'il eût été question de complot. Le colonel Vaudrey est un des officiers les plus distingués de l'armée; quoique très-jeune alors, il commandait à Waterloo vingt-huit bouches à feu; il a éminemment le feu sacré. Homme de cœur et de tête, plein d'honneur et de patriotisme, il joint aux connaissances les plus étendues l'esprit le plus brillant et le plus aimable. Grand, bien fait, d'une figure mâle et fière, il est doué de tous les avantages extérieurs. Mais ce qui frappe surtout en lui, c'est la réunion des qualités en apparence les plus opposées : il joint à la souplesse des formes la fermeté du caractère, la franchise d'un soldat aux manières distinguées de l'homme du monde. Animé du patriotisme le plus pur et le plus désintéressé, le colonel Vaudrey a toujours confondu son amour pour la liberté avec son amour pour l'empereur. Sa conduite franche et énergique en 1830 lui avait valu l'estime de la ville et de la garnison de Strasbourg. Un tel caractère excita vivement l'amitié du prince Napoléon, et le colonel, de son côté, en retrouvant dans

le neveu de l'empereur, et la grandeur d'âme
et la noblesse des sentiments du héros de la
France, ne put se défendre d'une forte sympathie. Le Prince, dans les longues conversations
qu'il eut avec lui à Bade, lui expliqua ses idées
et ses projets en ces termes : « Une révolution
« n'est excusable, elle n'est légitime, que lors-
« qu'elle se fait dans l'intérêt de la majorité
« d'une nation. Or, on est sûr que l'on agit
« dans ce sens, lorsqu'on ne se sert que d'une
« influence morale pour la faire réussir. Si
« le gouvernement a commis assez de fautes
« pour rendre une révolution encore désirable
« au peuple, si la cause napoléonienne a laissé
« d'assez profonds souvenirs dans les cœurs
« français, il me suffira de me montrer seul
« aux soldats et au peuple, et de leur rappeler
« les griefs récents et la gloire passée, pour
« qu'on accoure sous mon drapeau. Si je vou-
« lais au contraire intriguer et tâcher de cor-
« rompre tous les officiers et tous les soldats
« d'un régiment, je ne serais sûr que d'indivi-
« dus qui ne me donneraient aucune garantie
« de réussir auprès d'un autre régiment où les
« mêmes moyens de séduction n'auraient
« pas été employés. Je n'ai jamais conspiré
« dans l'acception habituelle du mot ; car les
« hommes sur lesquels je compte ne sont pas
« liés à moi par des serments, mais par un

« lien plus solide , une sympathie mutuelle
« pour tout ce qui peut concourir au bonheur
« et à la gloire du peuple français.

« L'homme de l'antiquité que je hais le plus,
« c'est Brutus, non seulement parcequ'il a com-
« mis un lâche assassinat, non seulement parce
« qu'il a tué le seul homme qui eût pu régénérer
« Rome, mais parce qu'il a pris sur lui une
« responsabilité qu'il n'est donné à personne
« de prendre , celle de changer le gouverne-
« ment de son pays par un seul fait indépen-
« dant de la volonté du peuple.

« Si je réussis à entraîner un régiment, si
« des soldats, qui ne me connaissent pas, s'en-
« flamment à la vue de l'aigle impériale, alors
« toutes les chances seront pour moi; ma
« cause sera gagnée moralement, quand même
« des obstacles secondaires viendraient la faire
« échouer.

« Croyez que je connais bien la France, et
« que c'est justement parce que je la connais
« bien, que je désire tenter un mouvement qui
« la retrempe et la détourne du péril où elle
« semble prête à tomber. Le plus grand mal-
« heur de l'époque actuelle est le manque de
« liens entre les gouvernants et les gouvernés ;
« confiance, estime, respect, honneur, ne sont
« plus les soutiens de l'autorité.

« La France a vu passer depuis cinquante

« ans la république avec ses grandes idées,
« mais avec ses guerres interminables ; la
« restauration avec les bienfaits de la paix,
« mais avec ses violentes passions ; l'empire
« avec sa gloire et sa prospérité intérieure,
« mais avec ses tendances rétrogrades et ses
« influences étrangères ; le gouvernement
« d'août avec ses promesses, ses grands
« mots, mais avec ses petites mesures, ses
« petites passions, ses mesquins intérêts.
« Au milieu de ce chaos, entre ses an-
« técédents, ses rancunes, ses besoins et ses
« désirs, le peuple cherche !.... Position la
« plus fâcheuse pour une nation qui n'a
« plus pour se guider que la haine des
« partis.

« Ce chaos moral est naturel ; car chaque
« règne a laissé dans la nation des traces de
« son passage, et ces traces se révèlent par
« des éléments de prospérité ou des causes de
« mort.

« La France est démocratique, mais elle
« n'est pas républicaine ; or j'entends par
« démocratie, le gouvernement d'un seul ; par
« la volonté de tous et par république, le gou-
« vernement de plusieurs obéissant à un sys-
« tème. La France veut des institutions natio-
« nales, comme représentant de ses droits ; un
« homme ou une famille comme représentant

« de ses intérêts ; c'est-à-dire, qu'elle veut de
« la république ses principes populaires, plus
« la stabilité ; de l'empire, sa dignité natio-
« nale, son ordre et sa prospérité intérieure,
« moins ses conquêtes ; elle pourrait enfin
« envier à la restauration ses alliances exté-
« rieures ; mais du gouvernement actuel que
« peut-elle vouloir ?

« Mon but est de venir avec un drapeau
« populaire, le plus populaire, le plus glorieux
« de tous ; de servir de point de ralliement à
« tout ce qu'il y a de généreux et de national
« dans tous les partis, de rendre à la France
« sa dignité sans guerre universelle, sa liberté
« sans licence, sa stabilité sans despotisme ;
« et, pour arriver à un pareil résultat, que
« faut-il faire ? Puiser entièrement dans les
« masses toute sa force et tous ses droits, car
« les masses appartiennent à la raison et à la
« justice. »

Le colonel Vaudrey approuva des sentiments aussi vrais, et une appréciation aussi
juste des besoins et de la position de la France ;
il dit au Prince que depuis long-temps il devait
savoir à quoi s'en tenir sur ses opinions ; mais
que dès aujourd'hui son concours lui était
assuré.

Le plan du Prince consistait à se jeter ino-
pinément au milieu d'une grande place de

guerre, à y rallier le peuple et la garnison par
le prestige de son nom, l'ascendant de son au-
dace, et à se porter aussitôt, à marches forcées,
sur Paris, avec toutes les forces disponibles,
entraînant sur sa route troupes et gardes nationales, peuples des villes et des campagnes,
enfin tout ce qui serait électrisé par la magie
d'un grand spectacle et le triomphe d'une
grande cause. Strasbourg était bien la ville la
plus favorable à l'exécution de ce projet. Une population patriote, ennemie d'un gouvernement
qui s'est vu contraint de licencier sa garde nationale; une garnison de huit à dix mille hommes, une artillerie considérable, un arsenal
immense, des ressources de toute espèce faisaient de cette place importante une base d'opérations qui, une fois acquise à la cause populaire, pouvait amener les plus grands résultats. La nouvelle d'une révolution faite à Strasbourg par le neveu de l'empereur, au nom de
la liberté et de la souveraineté du peuple, eût
embrasé toutes les têtes. Si l'on se rendait maître de cette ville, la garde nationale était immédiatement organisée pour faire elle seule le
service de la place, et veiller à la garde de ses
remparts. La jeunesse de la ville et des écoles,
formée en corps de volontaires, se réunissait à
la garnison. Le jour même où cette grande révolution s'accomplissait, tout s'organisait de

manière à partir le lendemain pour marcher sur Paris avec plus de douze mille hommes, près de cent pièces de canon, dix à douze millions de numéraire et un convoi d'armes considérable, pour armer les populations sur la route. On savait que l'exemple de Strasbourg aurait entraîné toute l'Alsace et ses garnisons. La ligne à parcourir traversait les Vosges, la Lorraine, la Champagne. Que de grands souvenirs réveillés ! que de ressources dans le patriotisme de ces provinces ! Metz suivait l'impulsion de Strasbourg ; Nancy et les garnisons qui l'entourent se trouvaient occupés dès l e quatrième jour, pendant que le gouvernement aurait à peine pris un parti. Ainsi, le prince Napoléon pouvait entrer en Champagne, le sixième ou septième jour, à la tête de plus de cinquante mille hommes. La crise nationale grandissait d'heure en heure ; les proclamations, faites pour réveiller toutes les sympathies populaires, pénétraient partout ; elles inondaient le nord, l'est, le centre et le midi de la France. Besançon, Lyon, Grenoble recevaient le contre-coup électrique de cette grande révolution.

Cependant, dans ces graves circonstances, que ferait le gouvernement? dégarnirait-il Paris des cinquante mille hommes qui, en temps ordinaire, suffisent à peine pour main_ tenir dans l'obéissance le peuple de cette grande cité? En lui supposant le temps de rallier les garnisons de Lille et d'une partie des frontières du Nord, pourrait-il, tout à la fois, contenir la capitale et arrêter un mouvement aussi énergiquement commencé? A cette armée de citoyens et de soldats enthousiastes de gloire et de liberté il n'aurait à opposer que des régiments ébranlés par l'exemple contagieux de l'insurrection. Et, quand on parviendrait à maintenir une armée sous les drapeaux du coq, en présence de l'aigle d'Austerlitz, la question, réduite aux proportions d'une opération purement stratégique, se déciderait encore en faveur de la cause populaire. Une armée sans ligne de communication à défendre, sans derrières à garder, mais portant tout avec elle, et n'ayant d'autre pensée, d'autre but que d'arriver à Paris, triompherait, sans coup férir, d'une armée placée dans des conditions toutes contraires. Il suffirait, en effet, de dérober une marche à cette dernière, pour couper sa ligne de communication et pour arriver avant elle à Paris; ce qui terminerait la lutte.

Mais tout dépendait du premier moment: il fallait réussir à Strasbourg. Si cette entreprise présentait de grandes difficultés, elle n'était pas cependant au dessus du courage et des talents du neveu de Napoléon. (*Voir* à la fin de la brochure la lettre du Prince, datée de New-York, où il explique le but de son entreprise.)

Nous sommes arrivés à une époque de notre récit où l'on pourrait croire que le Prince avait déjà recueilli assez de renseignements sur l'état de la France, et que, comptant sur l'appui d'officiers généraux et supérieurs, il n'avait plus besoin de faire de démarches pour connaître l'opinion de l'armée; mais il méditait encore, pour fortifier sa conviction, la plus concluante et la plus dangereuse des épreuves; il prit la résolution hardie d'aller par lui-même sonder l'opinion de l'armée.

Un soir, après une de ces fêtes brillantes qu'offre le séjour de Bade, il monte à cheval, accompagné d'un ami, et franchit, en quelques heures, la distance qui le séparait de la France; il s'arrête un moment aux bords du Rhin, barrière qu'une loi injuste lui oppose depuis long-temps, et, à la tombée de la nuit, il entre à Strasbourg. Dans une chambre assez vaste, un ami du Prince avait réuni, sous un prétexte quelconque, vingt-cinq officiers de toutes armes, à l'honneur desquels on pouvait se fier, quoiqu'ils ne fussent liés par aucun engagement. Tout à coup on leur annonce que le prince Napoléon est à Strasbourg, et qu'il va se présenter devant eux ; tous accueillent cette nouvelle avec transport. « Le neveu de l'empereur, s'écrièrent-ils, est le bienvenu parmi nous ; il est sous la protection de l'honneur français : que peut-il craindre ? nous le défendrions tous au prix de notre vie. « Un instant après le Prince était au milieu d'eux ; tous les officiers l'entourent avec respect ; il se fait un silence religieux plus éloquent que toutes les protestations de dévoument ; et, quand le Prince est maître de sa première émotion, il s'exprime en ces termes : « Messieurs, c'est avec confiance que le neveu de l'Empereur se livre à votre honneur : il se présente à vous, pour savoir de votre bouche vos sentiments et vos opinions ; si l'armée se souvient de ses grandes destinées, si elle sent les misères de la patrie, alors j'ai un nom qui peut vous servir ; il est plébéien comme notre gloire passée, il est glorieux comme le peuple. Aujourd'hui le grand homme n'existe plus, il est vrai, mais la cause est la même ; l'aigle, cet emblème sacré, illustré par cent batailles, représente, comme en 1815, les droits du peuple méconnus et la gloire nationale. Messieurs, l'exil a accumulé sur moi bien des chagrins et des soucis ; mais, comme ce n'est pas une ambition personnelle qui me fait agir, dites-moi si je me suis trompé sur les sentiments de l'armée, et, s'il le faut, je me résignerai à vivre sur la terre étrangère, en attendant un meilleur avenir. »

« Non, vous ne languirez pas dans l'exil, lui répondirent les officiers, c'est nous qui vous rendrons votre patrie : toutes nos sympathies vous étaient acquises depuis long-temps ; nous sommes las, comme vous, de l'inaction où on laisse notre jeunesse ; nous sommes honteux du rôle que l'on fait jouer à l'armée. »

Le Prince alors leur donna rendez-vous, dès qu'une occasion favorable se présenterait, et il les quitta le cœur plein de confiance et d'espoir.

Ainsi donc, en août 1836, le Prince avait épuisé tous les moyens possibles pour scruter les dispositions du peuple et de l'armée. Ce n'est donc pas sans de mûres réflexions, sans de graves investigations, que l'entreprise de Strasbourg a été conçue. Sûr de l'assentiment des masses, pouvant compter, avec toute assurance, sur des amis dévoués dans l'armée, dans le peuple et dans les classes influentes de la société, il n'attendait plus qu'une occasion favorable pour profiter de tous les éléments de succès que les circonstances avaient mis à sa disposition.

Vers la fin d'août, il partit de Bade, et se rendit en Suisse, au camp d'artillerie de Thoun. Quoique absorbé par des travaux militaires, il

n'en suivait pas moins, de loin, la politique
de la France; c'est là qu'il apprit qu'un ministère doctrinaire avait été remis à la tête des
destinées du pays, et que le blocus contre la Suisse avait irrité toutes les populations
des frontières; il crut alors que le moment
était arrivé de profiter de l'influence de son
nom, du nombre et de la bravoure de ses amis.

Au mois d'octobre, le prince Napoléon était
à Arenemberg, auprès de sa mère bien-aimée,
dans ce séjour charmant qu'elle avait créé, et
où elle avait réuni tout ce qui peut embellir la
vie, si toutefois des jours d'exil pouvaient
s'embellir! Pour ceux qui ont vu le Prince dans
le cercle heureux de sa famille, entouré d'a-
mis, jouissant des avantages que procurent
une fortune indépendante, un intérieur heureux et l'amour des personnes qui vous entourent, pour ceux-là il est facile de comprendre
tout ce qu'il a fallu d'énergie pour quitter tant
de sujets d'affection et se jeter dans tous les
hasards d'une netreprise périlleuse.

Le 25 octobre, le Prince fit ses adieux à sa
mère, lui disant qu'il allait chez une de ses
cousines, mais qu'en route il avait donné rendez-vous, près de la frontière de France, à
des hommes politiques qui voulaient entrer en
communication avec lui. Sa mère, tout en
ignorant ses projets, se méfiait cependant de

la décision de son caractère. Aussi, en lui donnant des conseils de prudence, elle lui dit adieu avec émotion, et passa à son doigt l'anneau de mariage de l'empereur et de l'impératrice Joséphine, comme un talisman contre les périls auxquels il pouvait s'exposer. Le Prince partit. Hélas ! il ne devait plus revoir sa mère qu'au lit de mort !

Près d'Arenemberg est un château appartenant au lieutenant-colonel Parquin, qui avait épousé une ancienne dame de la reine Hortense. Depuis long-temps les rapports les plus intimes liaient la reine et son fils à M. Parquin, ancien capitaine de la vieille garde impériale, dont toute la carrière militaire fut marquée par des actions d'éclat. Onze blessures, un drapeau pris à l'ennemi, la vie sauvée à un maréchal de France (le maréchal Oudinot)., voilà quels sont ses états de service. Connu de tous les chefs militaires maintenant en place, il fut *instamment* sollicité, en 1835, de reprendre du service, et fut nommé chef d'escadron dans la garde municipale de Paris. Il était alors en congé en Suisse. Le Prince alla le trouver deux jours avant son départ et lui dit : « Parquin, je vais me faire tuer, ou bien je ramènerai l'aigle sur nos drapeaux ; voulez-vous me suivre ? — Prince, comptez sur moi, répondit-il. » Et

vingt-quatre heures après l'ex-capitaine de la
vieille garde s'acheminait vers Strasbourg.
Le 15 octobre, plusieurs généraux, sur lesquels on comptait, avaient été prévenus que le
Prince avait une communication importante à
leur faire; un rendez-vous leur avait été assigné : le Prince se rendit au lieu convenu;
mais un malentendu, qui parut d'abord inex-
plicable, empêcha que l'on pût se rencontrer.
Il attendit trois jours inutilement : le temps
était précieux; l'autorité pouvait être prévenue
de son départ et faire observer ses démarches.
Dans une entreprise où la première condition de succès est le secret, l'inattendu, un
jour, une heure de retard pouvait tout perdre.
La présence d'officiers généraux, connus dans
l'armée, eût été très-utile sous plus d'un rapport; mais, en définitive, elle n'était pas indis-
pensable. Le Prince, forcé par les circonstances, se décida à se passer de leur concours.
Il partit donc, le 28 au matin, de Fribourg,
passa par Neuf-Brisach, Colmar, etc., et arriva
à dix heures du soir à Strasbourg, dans sa voiture attelée de quatre chevaux. Il passa la nuit
dans la chambre d'un officier, rue de la Fon-
taine, n° 24. Le lendemain, il fit prévenir le
colonel Vaudrey et convoqua chez M. de Persigny les personnes qui devaient jouer les
principaux rôles. Il leur apprit d'abord qu'il

avait reçu des communications qui prouvaient que, dans les villes frontières, les habitants étaient prêts à suivre le mouvement, dès qu'une force militaire imposante aurait levé l'étendard de la révolte.

Il s'agissait donc, pour première condition de succès, d'enlever un régiment. La garnison de Strasbourg se composait de deux régiments d'artillerie, du bataillon de pontonniers et de trois régiments d'infanterie ; ces régiments occupaient des casernes situées le long des remparts de la ville, et éloignées les unes des autres à d'assez grandes distances. Un des régiments d'infanterie, le 46e de ligne, était caserné à l'extrémité d'une ligne de remparts, le long de laquelle devait se passer tout le drame militaire. C'était sur cette ligne que se trouvaient l'Hôtel-de-Ville, la Préfecture, la division militaire, la subdivision, le bataillon de pontonniers et le 3e d'artillerie. Au centre d'une autre ligne de remparts, perpendiculaire à la ligne précédente, se trouvait le quartier d'Austerlitz, occupé par le 4e d'artillerie ; le 16e de ligne logeait à la citadelle. Quant au 14e léger, placé à une autre extrémité de la ville, il était tout à fait en dehors de cette ligne d'opérations, et ne pouvait avoir qu'un rôle peu actif dans les événements qui se préparaient. Or, devant quel régiment se présenterait le Prince ? La position du colonel Vaudrey, comme chef du 4ᵉ d'artillerie, et l'attachement des soldats à sa personne, faisaient supposer que ce dernier régiment serait plus facilement entraîné; mais le colonel déclara qu'il ne fallait compter, dans les circonstances actuelles, que sur le prestige du nom de Napoléon; que l'influence d'un chef de corps n'était que secondaire en pareil cas; que, pour Henri V, par exemple, un colonel n'aurait pas le pouvoir d'enlever cent hommes de son régiment. Il ajouta que son rôle devait se borner à présenter le Prince à l'un des trois corps d'artillerie sous ses ordres; que l'un n'était pas mieux disposé que les autres, que dans le 4ᵉ il avait quatre cents recrues; mais que si un premier régiment suivait le Prince, il était sûr de toute l'artillerie. Il fit observer alors que, par suite de différentes circonstan- ces, le bataillon de pontonniers jouissait d'une grande popularité dans la ville, qu'il entraîne- rait tout le peuple, mais qu'il avait le grand inconvénient d'être partagé dans deux caser- nes; que le 4ᵉ d'artillerie avait le désavantage d'avoir ses écuries éloignées du quartier, mais que le 3ᵉ réunissait toutes les conditions dési- rables, ayant ses chevaux et son parc d'ar- tillerie sous la main, qu'il était plus nombreux et comptait beaucoup plus de vieux soldats dans ses rangs. Il fut donc question d'abord de commencer le mouvement au 3ᵉ d'artillerie ; cependant, par suite du plan général qui fut ensuite adopté, et qui rendait l'emploi du matériel de l'artillerie inutile, on revint à l'idée de se présenter au 4ᵉ d'artillerie ; d'ailleurs de grands souvenirs se rattachaient à ce régiment,

Mais, une fois ce premier corps enlevé, se porterait-on sur l'artillerie ou bien sur l'infanterie ? Rallierait-on de suite toute l'artillerie, ou tenterait-on d'abord de mêler les deux armes ? Profiterait-on du premier moment de succès pour arriver à la caserne d'un régiment d'infanterie, avant qu'aucune mesure eût pu être prise pour soustraire ce régiment à l'influence du Prince ? Cette question, en apparence toute militaire, se compliquait de considérations bien autrement graves.

Le premier parti consistait donc à rallier d'abord les trois régiments d'artillerie. Dans l'hypothèse d'un premier succès au quartier d'Austerlitz, ce résultat était immanquable. Le Prince se trouvait maître de cent cinquante pièces de canon, sans parler d'un arsenal immense ; s'il ne se fût agi que d'une opération militaire, dès ce moment la ville entière était en son pouvoir. Il n'avait qu'à se rendre sur la place d'armes, donner ses ordres, et tout le monde eût obéi. Mais que de conséquences funestes pouvait entraîner ce parti ! Pendant le temps nécessaire pour enlever toute l'artillerie, et prendre les dispositions énergiques qu'exigeait cette résolution, l'infanterie pouvait être entraînée dans un sens contraire, on pouvait lui faire prendre une attitude hostile, en la trompant sur l'identité ou sur les intentions du Prince, ou tout au moins la faire sortir de la ville. Mais, ce qui était bien plus grave, il était à craindre que la population ne s'effrayât de ce déploiement de force militaire. En voyant les batteries d'artillerie traverser la ville, et se former sur la place d'armes, on eût pu croire que le Prince ne se présentait au peuple qu'escorté seulement des souvenirs militaires de l'empire ; et cette prévention pouvait produire une fâcheuse impression. Maître de Strasbourg par la force purement militaire, et sans le concours des habitants, on n'était maître que des murailles d'une ville. Ce n'était qu'un fait isolé, sans conséquences, sans résultats ultérieurs ; tandis que cette conquête, accomplie par l'entraînement populaire et l'enthousiasme patriotique du peuple et des soldats réunis, c'était un grande révolution commencée.

Le second parti consistait à se porter du quartier d'Austerlitz au quartier Finckmatt, occupé par le 46ᵉ de ligne. On y arrivait avant que le mouvement pût être prévenu, et qu'aucune disposition hostile ne fût prise ; on passait, chemin faisant, devant toutes les autorités, qu'on entraînerait ou qu'on ferait arrêter. Si on enlevait le 46e, les difficultés militaires étaient donc surmontées ; car, pendant ce temps, des officiers dévoués du bataillon de pontonniers et du 5e d'artillerie, devaient aller à leurs régiments, les rassembler et les porter à tire-d'aile à la division militaire, comme lieu de rassemblement.

Ainsi donc tout se trouvait fait dans le même temps ; les deux armes, artillerie et infanterie, étaient mêlées ; les deux autres corps d'artillerie étaient enlevés, les proclamations imprimées et affichées dans les rues et sur les places publiques ; et le Prince se trouvait à la tête d'une force supérieure à celle qu'on eût pu lui opposer : rien dès lors ne pouvait plus comprimer ce mouvement tout moral et populaire. Cependant, si on ne réussissait pas à entraîner le 46e, toutes les précautions étaient prises pour assurer la retraite ; on se portait à la rencontre des deux autres régiments d'artillerie ; on recourait à des moyens plus énergiques ; on rentrait enfin dans l'exécution du premier plan. En outre, pendant ces mouvements, les proclamations auraient été connues ; et quand le Prince arriverait sur la place d'armes, la population, déjà initiée au secret de ses intentions, comprendrait la nécessité de ce déploiement de forces, et elle y applaudirait la première. Ainsi, malgré un échec malheureux, on était immanquablement soutenu par le peuple, et la réussite paraissait certaine.

Ce parti était plus conforme à l'esprit du mouvement projeté par le Prince. Il satisfaisait à toutes les conditions politiques et militaires : aussi fut-il adopté. Mais, pour assurer la réussite, ou tout au moins la retraite, dans la tentative à faire au quartier Finckmatt, il existait des difficultés de localités qui méritaient d'être sérieusement examinées.

Le quartier Finckmatt est un long bâtiment, situé parallèlement au rempart, dont il n'est séparé que par une cour très-étroite, fermée dans toute sa longueur par une courtine, et à chaque extrémité par un mur élevé. Cette cour, qui n'est qu'un long boyau, sert aux troupes de lieu de rassemblement. Pour se rendre de la ville à la caserne, il n'y a que deux issues ; l'une, par le chemin du rempart, qui aboutit à l'une des extrémités de la cour, où se trouve une grille en fer ; l'autre, dans une direction opposée, par une ruelle étroite, qui, partant du faubourg de Pierre, arrive perpendiculairement à la grille principale du quartier, située au centre du bâtiment. Ce faubourg de Pierre est une large rue, percée parallèlement au quartier, mais séparée de celui-ci par un massif de maisons de soixante à quatre-vingts pas de profondeur, et n'ayant d'autres communications avec lui que par la ruelle dont nous venons de parler, ruelle si étroite qu'il ne peut y passer que quatre hommes de front.

Si le Prince arrivait par la ruelle du faubourg de Pierre, il était obligé de laisser une grande partie du régiment en bataille dans cette rue, et d'aller se présenter avec une faible escorte à la caserne, sans pouvoir montrer aux soldats d'infanterie l'exemple entraînant de tout un régiment entraîné dans sa cause.

Si, au contraire, on venait, par l'autre chemin, se placer sur le rempart, en face de la caserne, le Prince apparaissait à l'infanterie escorté de tout un régiment enthousiasmé. Un tel spectacle attirait l'attention de toute l'infanterie; du rempart au bâtiment il n'y a que vingt à vingt-cinq pieds : le Prince pouvait haranguer les soldats réunis, et s'en faire connaître. Plusieurs batteries du 3e d'artillerie avaient leurs chevaux dans la caserne Finckmatt; les soldats de ces batteries étaient connus de ceux du 46e; ils avaient l'habitude

de se voir et de causer ensemble aux heures
du pansage ; ils se reconnaîtraient, s'annon-
ceraient la grande nouvelle ; personne ne
douterait de la présence d'un neveu de l'empereur : l'entraînement devait être contagieux.

Néanmoins, s'il en était autrement, si l'infanterie résistait à cette puissance morale, si
même elle voulait entreprendre d'arrêter ce
mouvement, rien ne pouvait empêcher le Prince
de se retirer par le rempart. Un piquet de
soixante chevaux, posté à la grille, suffirait
pour maintenir l'infanterie pendant le temps
nécessaire à la retraite ; et le Prince, en lon-
geant le rempart, arriverait par la ligne la plus
courte aux parcs et aux autres régiments d'artillerie qui l'attendaient.

Toutes ces considérations furent présentées,
pesées et analysées par le Prince avec une
grande netteté de vues. Hélas ! pourquoi ses
idées n'ont-elles pas pu avoir leur complète
exécution !

A dix heures du soir, le conseil se sépara ;
un rendez-vous fut assigné pour quatre heures
du matin aux personnes qui en avaient fait
partie, ainsi qu'aux officiers des différents régiments sur lesquels on pouvait compter le
plus particulièrement. Le Prince leur envoya
un de ses aides-de-camp pour leur porter ses
ordres. Dès la veille un appartement avait été

retenu, pour servir de lieu de rassemblement aux officiers qui devaient suivre le Prince, dans une maison particulière, située environ à deux cents pas du quartier d'Austerlitz : à onze heures le Prince s'y rendit; tous les conjurés y arrivèrent successivement, le prince Napoléon leur fit part de ses moyens d'exécution, de tout ce qu'on aurait à faire dans la journée, et donna à chacun d'eux ses instructions; enfin il leur lut ses proclamations, qui excitèrent un enthousiasme général (*voir* les proclamations à la fin de la brochure) : on en fit quelques copies, pour servir dans les premiers moments, en attendant qu'elles fussent imprimées.

Cependant l'instant si désiré approchait. Il était six heures; il se fit un grand silence, et bientôt la trompette retentit au quartier d'Austerlitz; le colonel Vaudrey faisait sonner l'assemblée. Peu à peu, au calme de la nuit, succédèrent des bruits confus qui couvrirent bientôt les éclats de la trompette. Les soldats se levaient, prenaient leurs armes et descendaient précipitamment de leurs chambres, se questionnant mutuellement sur le but de cette prise d'armes. D'autres passaient dans les rues en courant pour aller chercher leurs chevaux qui étaient hors du quartier, et revenaient au galop se rendre à leur poste. Cependant le tumulte s'apaisa; le colonel Vaudrey avait réuni tout son régiment, et l'avait fait mettre en carré dans la grande cour de la caserne ; soixante canonniers à cheval stationnaient auprès de la grille sur la grande place d'Austerlitz : tous, prévoyant quelque chose d'extraordinaire, attendaient avec impatience l'explication de ce rassemblement inaccoutumé. C'est alors qu'on vint prévenir le Prince : « Allons, messieurs, s'écriat-il, le moment est arrivé ; nous allons voir si la France se souvient encore de vingt années de gloire. »

Il s'élance dans la rue (1) ; les officiers se pressent derrière lui ; il se retourne pour les contempler : l'un d'eux lui dit : « Allez, Prince, la France vous suit. » Le trajet était court, il fut bientôt franchi. Le colonel était seul au centre du carré ; le Prince s'avance avec assurance au milieu des troupes, et marche droit vers lui. Le colonel met le sabre à la main, fait porter les armes, et d'une voix mâle et fière qui vibre dans tous les cœurs, il s'écrie : « Soldats du quatrième d'artillerie, une grande révolution

(1) Le Prince était vêtu d'un uniforme d'artillerie : habit bleu, collet et passepoils rouges. Il portait des épaulettes de colonel, les insignes de la Légion-d'Honneur, un chapeau d'état-major du modèle admis dans l'armée, et pour arme un sabre droit de grosse cavalerie. La malveillance a seule pu voir dans ce costume une imitation de celui de l'empereur.

commence en ce moment sous les auspices du neveu de l'empereur Napoléon. Il est devant vous, et vient se mettre à votre tête; il arrive sur le sol de la patrie pour rendre au peuple ses droits usurpés, à l'armée la gloire que son nom rappelle, à la France les libertés que l'on méconnaît. Il compte sur votre courage, votre dévouement et votre patriotisme pour accomplir cette grande et glorieuse mission. Soldats, votre colonel a répondu de vous; répétez donc avec lui! *Vive Napoléon! Vive l'empereur!* »

Ce cri fut répété par les soldats avec un enthousiasme impossible à rendre.

Le Prince fit alors signe qu'il voulait parler; le silence se rétablit, et d'une voix fortement accentuée : « Soldats, leur dit-il, appelé en France par une députation des villes et des garnisons de l'Est, et résolu à vaincre ou à mourir pour la gloire et la liberté du peuple français, c'est à vous les premiers que j'ai voulu me présenter, parce qu'entre vous et moi il existe de grands souvenirs; c'est dans votre régiment que l'empereur Napoléon, mon oncle, servit comme capitaine; c'est avec vous qu'il s'est illustré au siége de Toulon, et c'est encore votre brave régiment qui lui ouvrit les portes de Grenoble au retour de l'île d'Elbe.

« Soldats, de nouvelles destinées vous sont réservées : à vous la gloire de commencer une grande entreprise, à vous l'honneur de saluer les premiers l'aigle d'Austerlitz et de Wagram. » — Ici le Prince saisit l'aigle que portait un de ses officiers, et, la présentant à tous les regards: « Soldats, ajouta-t-il, voici le symbole de la gloire française, destiné désormais à devenir aussi l'emblème de la liberté. Pendant quinze ans il a conduit nos pères à la victoire ; il a brillé sur tous les champs de bataille ; il a traversé toutes les capitales de l'Europe. Soldats ! ralliez-vous à ce noble étendard ; je le confie à votre honneur, à votre courage. Marchons ensemble contre les traîtres et les oppresseurs de la patrie aux cris de : *Vive la France ! vive la liberté !* »

A peine a-t-il prononcé ces paroles que tout le régiment est ébranlé par un mouvement électrique. Les sabres s'agitent en l'air ; les schakos, au bout des mousquetons, et les cris mille fois répétés de : *Vive l'Empereur ! vive Napoléon !* expriment la sympathie et l'enthousiasme de ces braves. Le Prince ému par l'unanimité de cette démonstration touchante, et voyant à leur place de bataille les officiers qui n'avaient pas été prévenus, partager aussi l'enthousiasme général, se dirigea vers eux et leur témoigna toute la joie qu'il éprouvait de cet accord si unanime. Il faut avoir été témoin de cette scène entraînante pour comprendre tout ce que la magie du nom de Napoléon peut réveiller de nobles passions ; il faut avoir entendu les acclamations de tout un régiment reconnaissant le neveu de l'empereur, pour bien juger de l'immense popularité de son nom, et combien peu le Prince s'était trompé sur les véritables sentiments de l'armée ; nous disons de l'armée, car si un régiment dont une heure auparavant aucun officier, sous-officier ou soldat, ne soupçonnait ce qui allait se passer, montrait un si grand enthousiasme à la seule vue du neveu de l'empereur et de l'aigle impériale, n'était-il pas démontré par là qu'il devait en être de même pour tout autre régiment ?

On se mit alors en marche : les officiers se rendirent à leur poste d'après les ordres qu'ils avaient reçus ; l'un alla avec un peloton à l'imprimerie pour faire publier les proclamations, un autre à la direction du télégraphe, un troisième chez le préfet. Les officiers du 3e d'artillerie et du bataillon de pontonniers coururent à leurs casernes pour rassembler leurs hommes, leur annoncer la nouvelle et les emmener au quartier général de la division. Un officier fut aussi expédié au 46e de ligne, pour annoncer à ce corps le mouvement qui s'opérait. La grande colonne, ayant à sa tête le Prince, les colonels Vaudrey et Parquin et une dizaine d'officiers, s'achemina directement vers le quartier général.

Pour y parvenir il fallait traverser une grande partie de la ville. Quoiqu'il fût trop matin pour rencontrer beaucoup de monde, cependant les habitants, attirés par le bruit, se réunirent en foule au cortége et mêlèrent leurs acclamations à celles des soldats. *Vive Napoléon, vive l'Empereur, vive la liberté,* étaient les cris qui se faisaient entendre ; c'est le neveu de l'empereur, disaient les soldats ; c'est le fils du vertueux roi de Hollande, le petit-fils de l'impératrice Joséphine, répétait le peuple ; et ils l'entouraient, se pressaient autour de lui avec tant de véhémence, qu'ils le séparaient de la troupe, et que le colonel Vaudrey, inquiet de démonstrations si énergiques, fut obligé de faire ouvrir la marche par des canonniers à cheval. A chaque pas, des hommes du peuple venaient baiser l'aigle que portait le lieutenant de Querelles ; aussi l'espoir du succès brillait-il dans tous les yeux : la confiance était dans tous les cœurs, et le Prince voyait avec bonheur qu'il ne s'était pas plus trompé sur les sentiments du peuple que sur ceux de l'armée ; tout le monde partageait la même ivresse. En passant devant la gendarmerie, le poste se mit sous les armes et cria : *Vive l'Empereur.* Il en fut de même au quartier général : la garde présenta les armes, et les domestiques du général Voirol, ouvrant la porte de l'hôtel à deux battants, criaient plus fort que les autres.

La colonne fit halte dans la cour et dans la rue. Le Prince, suivi de ses officiers, monta chez le général Voirol, qui n'avait pas eu le temps de s'habiller. Plein d'enthousiasme pour la mémoire de l'empereur, ce général avait toujours montré un vif intérêt pour le neveu de son premier souverain. Tout portait à croire que la présence du Prince réveillerait en lui ses anciennes sympathies; mais le Prince, après avoir réclamé de lui son concours, vit avec étonnement qu'il ne fallait pas y compter; il donna alors au colonel Parquin l'ordre de l'arrêter et de le garder à vue dans son hôtel. A en juger par la conduite du général Voirol, après cette malheureuse journée, par les visites qu'il a faites au Prince dans sa prison, par les larmes qu'il a versées sur le sort du neveu de Napoléon, il dut se passer un pénible combat dans son âme... Sans la reconnaissance qu'il devait au roi pour des bienfaits personnels, est-il bien sûr que le sentiment seul de ses engagements politiques eût pu comprimer ses secrètes sympathies?

Cependant on se remit en marche pour la caserne Finckmatt. Quoiqu'on eût échoué auprès du général, ce contre-temps n'avait pas refroidi l'enthousiasme ; le peuple était rassemblé dans la rue en plus grand nombre et mêlait ses acclamations à celles du régiment d'artillerie. Le poste d'infanterie marchait en tête, et tout présageait encore un heureux succès. On était arrivé dans le faubourg de Pierre ; mais, par une circonstance déplorable, la tête de colonne, au milieu du tumulte, n'avait pas suivi la direction convenue, et, au lieu de se rendre sur le rempart, entrait par la ruelle qui conduisait à la caserne. Pour protéger la retraite, le Prince fut obligé de laisser la moitié du régiment en bataille dans la grande rue, et il entra dans la cour, suivi des officiers et de quatre cents hommes environ. Il espérait déjà trouver le régiment réuni ; mais l'officier, qui avait dû porter la nouvelle, n'avait pu arriver ; les soldats étaient tous dans leurs chambres, occupés à se préparer pour l'inspection du dimanche. Cependant, attirés par le bruit, ils se mettent aux fenêtres ; le Prince les harangue ; en entendant prononcer le nom de Napoléon, ils descendent, entourent le Prince et témoignent le plus vif enthousiasme pour le neveu de l'empereur. Un vieux sergent-major se précipite vers lui, s'empare de sa main qu'il baise en fondant en larmes : il s'écrie qu'il a servi dans la garde impériale, et que ce jour est le plus beau de sa vie. Son exemple émeut tout le monde ; tous ceux qui arrivent, jeunes ou vieux, montrent les mêmes dispositions, et les cris de : *Vive Napoléon ! vive l'Empereur !* retentissent dans le quartier Finckmatt, comme ils avaient retenti dans le quartier d'Austerlitz.

Pendant ce temps que faisaient les autres officiers? Le lieutenant Laity, arrivé au quartier des pontonniers, avait annoncé l'événement à ses soldats; il les avait enlevés aux cris de *vive l'Empereur !* et se dirigeait à leur tête vers le quartier général. Les officiers Dupenhoet et Gros, malgré l'opposition qu'ils trouvèrent de la part d'un adjudant-major, n'en réussirent pas moins à rassembler leurs compagnies. Le lieutenant de Schaller s'était emparé du général de brigade et du colonel du 3ᵉ d'artillerie. M. de Persigny avait arrêté le préfet, et l'avait conduit au quartier d'Austerlitz, malgré l'opposition de plusieurs officiers d'état-major, qui voulurent entraver sa marche. L'officier chargé de faire imprimer les proclamations, M. Lombard, en avait déjà fait tirer plusieurs centaines de copies ; le lieutenant Petri s'emparait du télégraphe ; le brave colonel Parquin était resté chez le général de division, avec une douzaine de canonniers. Le général vint se jeter au milieu d'eux, avec ses aides de camp, en leur criant : « Arrêtez cet

officier, c'est un traître ! — A moi, canonniers ! *vive l'Empereur !* » lui répond le colonel ; et les canonniers se précipitent sur le général, qui n'a que le temps de se retirer dans
sa chambre, d'où il s'échappa plus tard par
une porte dérobée. Enfin, les officiers Poggi
et Couard faisaient prendre les armes au 3e
d'artillerie, qui se mettait en marche vers le
quartier général, ayant à sa tête un grand
nombre d'officiers.

A la caserne Finckmatt, le Prince et ses officiers avaient déjà formé plusieurs compagnies d'infanterie ; les deux armes sont mêlées ; encore un moment, le bataillon des
pontonniers et le 3e d'artillerie vont se joindre
au Prince ; un court espace les sépare ; encore
un moment, et il aura cinq mille hommes à
lui. Strasbourg ! la France ! la cause populaire
a triomphé !... Mais, tout à coup, à une extrémité de la cour, un orage se forme et se gros-
sit rapidement, sans qu'on puisse s'en aperce-
voir à l'autre extrémité. Le colonel Taillandier
venait d'arriver ; quand on lui dit que le
neveu de l'empereur est là avec le 4e, il ne
peut croire une nouvelle aussi extraordinaire,
et sa surprise est si grande qu'il préfère supposer une ambition vulgaire de la part du colonel Vaudrey, que de croire à la résurrection
d'une grande cause. « Soldats ! s'écrie-t-il, on

vous trompe ! l'homme qui excite votre enthousiasme ne peut être qu'un aventurier,
qu'un imposteur. » Un officier d'état-major
s'écrie en même temps : « Ce n'est pas le neveu de l'Empereur ; c'est le neveu du colonel
Vaudrey ; je le reconnais. » Quelque absurde
que soit ce mensonge, il vole de bouche en
bouche, et commence à changer les dispositions de ce régiment tout à l'heure si fortement remué. Un grand nombre de soldats, se
croyant dupes d'une indigne supercherie, de-
viennent furieux. Le colonel Taillandier les
rassemble, fait fermer la grille et battre la
charge, tandis que, de l'autre côté, les officiers du Prince font battre la générale pour
accélérer le rassemblement des soldats qui
ont embrassé sa cause. L'espace est tellement
rétréci, que les régiments sont, pour ainsi
dire, confondus ensemble. La mêlée augmente
de moment en moment ; les officiers de la
même cause ne se reconnaissent plus, puisqu'ils portent tous le même uniforme. Les canonniers arrêtent des officiers d'infanterie ;
l'infanterie, à son tour, s'empare de quelques
officiers d'artillerie ; les mousquetons sont
chargés ; les baïonnettes, les sabres étincellent ;
mais aucun coup n'est porté ; on craint de
frapper un ami ; cependant, un mot du Prince
ou du colonel, et un véritable massacre va

commencer. Plusieurs officiers, et, entre autres, MM. de Querelles et de Gricourt, viennent offrir au Prince de lui ouvrir un passage à travers l'infanterie ; mais il refuse de faire verser pour lui seul le sang français. Il ne peut croire, d'ailleurs, que le 46ᵉ qui, un moment auparavant, lui montrait tant de sympathie, ait si promptement changé de sentiment. Il se jette au milieu de l'infanterie pour tâcher de la ramener ; mais il est entouré d'un triple rang de baïonnettes et obligé de tirer son sabre pour parer les coups qu'on lui porte ; il allait périr par des mains françaises, si des canonniers, voyant son danger, ne l'avaient enlevé et placé dans leurs rangs. Malheureusement, ce mouvement le sépare de ses officiers, et le reporte vers l'extrémité de la cour, au milieu des soldats qui méconnaissent son identité. Le Prince alors s'élance vers le piquet de cavalerie, pour s'emparer d'un cheval et pouvoir dominer la mêlée ; mais les artilleurs sont repoussés, et les chevaux le renversent contre le mur. L'infanterie profite de ce moment pour se jeter sur lui et l'emmener prisonnier ; ses officiers, qui ne peuvent plus rien pour sa défense, subissent successivement le même sort.

Cependant, inquiets d'être si long-temps séparés du Prince et de leur colonel, les artilleurs, qu'on avait laissés dans la rue, commençaient à concevoir des craintes; lorsque le bruit se répand qu'ils courent des dangers. A l'instant ils se précipitent vers la grille du quartier, en poussant des cris de fureur contre l'infanterie, qu'ils refoulent aux deux extrémités de la cour. Le peuple, rassemblé en grand nombre sur le rempart, jette des pierres au 46ᵉ, et fait retentir les airs des cris de *vive l'Empereur !*

Le colonel Vaudrey seul restait libre, entouré de nombreux artilleurs dont le dévouement à sa personne était sans bornes. La résistance lui était facile; s'il n'eût songé qu'à lui, qu'à sa propre sûreté, il se serait fait jour, le sabre à la main, soutenu par le courage de ses soldats; mais il comprit que, s'il engageait la lutte, les jours du Prince étaient compromis; il offrit donc de se rendre, et, usant, pour la dernière fois, de son autorité sur ses soldats, il leur ordonna de rentrer à leur caserne, et suivit le lieutenant-colonel Taillandier, qui le conduisit dans une chambre d'officier.

Pendant ce temps, le colonel Parquin accourait à la caserne Finckmatt : quand il vit ce qui se passait, décidé à mourir plutôt que d'abandonner le Prince, il n'hésita pas à se jeter au milieu des soldats furieux.

Le lieutenant Laity, comme nous l'avons

dit, était arrivé au quartier général avec ses pontonniers ; mais la nouvelle de l'échec de la Finckmatt les arrêta tout à coup : alors cet officier les congédia, et se rendit, de sa personne, au quartier d'infanterie, ne songeant qu'à partager le sort du Prince, au lieu de chercher son salut dans la fuite. Le 3e d'artillerie était aussi en marche ; mais la fatale nouvelle vint renverser toutes les espérances et abattre tous les courages. Ainsi donc, le Prince avait un corps d'artillerie de trois régiments, entraînés dans sa cause, et le peuple en sa faveur, et une simple fatalité a tout fait échouer.

Lorsque M. de Persigny eut terminé sa mission, il apprit tout à la fois et l'événement du quartier Finckmatt, et la désorganisation des deux autres corps d'artillerie (1) ; il arri-

(1) Pour ne pas démentir les relations de l'autorité, qui tendaient à faire croire que le 4e d'artillerie avait seul pris part au mouvement, et qu'on avait échoué au 3e, on a préféré fermer les yeux sur les coupables. C'est ainsi que deux officiers du 3e d'artillerie, qui avaient pris la fuite, ont été destitués sans bruit, et n'ont pas été mis en accusation. C'est toujours dans ce système, que des officiers de l'armée ont été mis en non activité et qu'on s'est bien gardé de les faire figurer dans les débats. Le système de l'autorité, qui s'est efforcée de représenter cet événement comme une échauffourée sans consistance, a du reste été servi par une circonstance dont nous nous applaudissons. Sans la malheureuse idée qu'avaient eue

va sur le rempart, où le peuple faisait encore
entendre les cris de *vive Napoléon !* mais le
Prince était déjà prisonnier avec le colonel et
ses officiers. Le peuple, sans armes, désespéré
de son impuissance, lançait encore des pierres
contre l'infanterie, qui parvint enfin à dissiper
la foule, en tirant des coups de fusil. Quel spectacle affligeant présentait en ce moment le
quartier! deux régiments français étaient près
de s'égorger. Le 4e d'artillerie formait une lon-
gue ligne acculée au rempart, les chevaux
mêlés çà et là dans les rangs. L'infanterie était
en face, les baïonnettes à deux pieds de la poitrine des artilleurs; mais ces derniers avaient
chargé leurs mousquetons, et se tenaient prêts
à faire feu. Les deux partis se regardaient avec
fureur. « *Vive l'Empereur ! vive le neveu de
Napoléon !* » criait l'artillerie. « Ce n'est pas
lui; ce n'est pas vrai, » répondait l'infanterie.
Cependant on parvint à apaiser les soldats,
et la grille s'ouvrit pour donner passage à l'artillerie.

Alors MM. Persigny et Laity coururent aux
quelques officiers de la garnison de venir auprès du
Prince en grande tenue, il n'y en aurait peut-être pas
eu un seul de reconnu. Ceux qui étaient en tenue
ordinaire n'ont eu qu'à sortir des rangs, quand le Prince
a été arrêté, pour éloigner de leur personne toute accusation de complicité.

canonniers et voulurent les entraîner vers leurs pièces, pour revenir délivrer les prisonniers et venger leur défaite : cet espoir ranima tous les courages, et l'on se précipita dans la direction des parcs d'artillerie : mais les munitions étaient à l'arsenal ; et le colonel, prisonnier maintenant, avait seul le pouvoir de s'en faire délivrer : il fallut renoncer à cette dernière espérance ; d'ailleurs, les chefs une fois pris, il n'y avait plus d'obéissance possible. Aussi l'autorité royale reprit-elle facilement le pouvoir.

Cependant, si les proclamations eussent été jetées à profusion dans la ville, le peuple aurait connu les nobles intentions du Prince, et, sans doute, il eût pris contre l'autorité une attitude menaçante, qui eût pu amener de grands résultats. Malheureusement, l'officier chargé de les faire imprimer les fit brûler précipitamment, en apprenant le dénoûment de la Finckmatt. Ainsi le peuple ne put recevoir de communications, sur cette tentative qui parut inconcevable, que des mains de l'autorité. Cette dernière fit tout ce qu'il fallait pour dénaturer complètement l'entreprise du Prince. Elle alla même jusqu'à renouveler, dans les premiers moments, le mensonge grossier qui avait trompé les soldats, en le répétant dans son journal, pour abuser aussi le peuple.

La fatalité avait prononcé : le Prince et ses officiers furent conduits à la prison neuve. En ce moment affreux, où de si grandes espérances étaient renversées, le Prince se montra calme et résigné. (*Voir*, dans les pièces à l'appui, sa lettre à sa mère.) Lorsqu'on l'amena avec ses complices devant le juge d'instruction, il dit, en se tournant vers le colonel Vaudrey : « Colonel, me pardonnez-vous de vous avoir entraîné dans une entreprise si malheureuse. » Le colonel ne lui répondit qu'en saisissant sa main, qu'il serra avec effusion. Un instant après, un officier, s'étant approché du Prince, le regardait avec émotion, et s'apitoyait tout haut sur le sort du neveu de l'empereur : « Au moins, lui répondit celui-ci, je ne mourrai pas dans l'exil. »

Les officiers qui étaient parvenus à échapper aux mains de l'autorité, s'occupèrent de prendre les mesures nécessaires pour sauver les jours du Prince, en cas de condamnation. Aussi n'eût-il pas été possible de faire tomber un seul cheveu de la tête de l'héritier du grand nom de Napoléon.

Laissons maintenant les accusés sous le poids de leur défaite et sous les coups de la justice, pour voir ce qui se passait au cabinet des Tuileries.

La première nouvelle de l'insurrection, d'abord apportée par le télégraphe et interrompue par la nuit, avait répandu la consternation dans le conseil des ministres. Le gouvernement, qui n'avait encore employé l'armée que pour réprimer les émeutes, comprenait toutes les difficultés qu'il aurait à vaincre, pour résister à une révolution commencée par cette force matérielle sur laquelle il s'appuyait. Mais la suite de la nouvelle vint bientôt calmer ses premières craintes, sans cependant lui ôter tout sujet d'inquiétude. Le gouvernement n'avait, à l'égard du Prince, que trois partis à prendre : il pouvait le traduire ou devant un conseil de guerre, ou devant la cour des pairs, ou devant une cour d'assises : or, dans ces trois cas, il courait les mêmes dangers. Le plus grand était de garder le Prince pendant quelques mois en France, où sa présence excitait la sympathie générale et devenait une cause continuelle de troubles : un autre danger consistait dans le refus que pourraient faire les tribunaux de condamner le neveu de Napoléon, quand on venait de remettre la statue de l'empereur sur la colonne ; enfin on devait craindre qu'une condamnation n'excitât des troubles ayant pour but de délivrer le prisonnier.

Des faits peu connus, mais dont nous certifions l'authenticité, prouveront ce que nous avançons. Lorsqu'on apprit à Paris le dénoûment de l'affaire de Strasbourg, des officiers-généraux et supérieurs, au nombre de quatre-vingts, se réunirent et s'engagèrent à protester contre la mise en accusation du Prince ; ils chargèrent un député influent de présenter leur protestation en leur nom, pensant que le gouvernement regarderait à deux fois à les mécontenter. Le député leur conseilla avec justesse d'attendre que la mise en accusation fût décidée, ajoutant qu'il était inutile de faire, sans motif, une démarche qui pouvait le compromettre aussi gravement. D'un autre côté, plusieurs pairs de France, croyant être appelés à juger les accusés de Strasbourg, écrivirent au roi pour récuser une semblable mission.

Enfin, à Strasbourg, il s'était formé un complot, auquel avait pris part une partie de la garnison, et ayant pour but de soustraire les accusés à la rigueur des lois en cas de condamnation.

On voit donc combien il eût été difficile de garder le Prince, de le faire juger dans cette France sillonnée par la gloire impériale, et palpitante encore du souvenir du grand nom. Maintenant examinons la conduite du ministère, et nous verrons sa crainte se manifester par toutes les petites mesures qu'il adopta.

Le Prince avait été renfermé dans la prison neuve dès le 30 octobre ; il était encore au secret le plus absolu, lorsque le 9 novembre, à huit heures du soir, le préfet et le général Voirol vinrent le tirer de sa prison, sans lui dire où on le conduisait, et sans écouter ses réclamations (car il n'a jamais adressé qu'une demande à l'autorité, celle de le faire juger). On le fait monter dans une voiture, et après l'avoir confié à la garde de deux officiers de gendarmerie et de cinq sous-officiers, il est dirigé en poste sur Paris, avec une telle précipitation, qu'on ne lui laisse pas même le temps d'emporter d'autres effets que ceux qu'il a sur lui : aussi est-ce avec sa capote militaire pour tout vêtement qu'il fut transporté jusqu'en Amérique. A Paris, il ne vit que M. Delessert, préfet de police, qui lui annonça que la reine Hortense était venue en France demander sa grâce au roi. (La reine était en effet partie d'Arenemberg, à la première nouvelle de l'arrestation de son fils, décidée, s'il le fallait, pour sauver sa tête, à rallier toutes les sympathies en sa faveur.) Le préfet de police lui apprit aussi qu'il allait être conduit à Lorient, où il s'embarquerait pour les Etats-Unis. Le Prince réclama contre son enlèvement, en disant que son absence priverait les accusés de Strasbourg des dépositions nombreuses qu'il pouvait faire

en leur faveur. M. Delessert lui répondit :
« Le gouvernement agit envers vous comme
il a agi envers la duchesse de Berri. Il y aurait
injustice à vous traiter différemment. Vos amis
ne peuvent pas avoir le même sort que vous;
quand vous serez à Lorient, vous écrirez les
dépositions que vous jugerez convenables de
faire. » Mais le commandant de gendarmerie
avait la défense expresse de laisser écrire un
mot au Prince avant son embarquement. Napoléon-Louis allait partir immédiatement pour
sa destination; son sort était donc définitive-
ment fixé! Il n'avait plus qu'un devoir à remplir, celui de tâcher d'être utile à ses amis. Il
écrivit à sa mère pour lui recommander les
prisonniers de Strasbourg, ainsi que la femme
et les enfants du colonel Vaudrey. (*Voir* les
pièces à l'appui.) Il écrivit aussi au roi, pour
lui exprimer la peine qu'il éprouvait d'être
traité d'une manière exceptionnelle. Il faisait,
disait-il, peu de cas de la vie qu'on lui laissait;
car, en entrant en France, il y avait renoncé :
c'était uniquement le sort de ses amis qui
l'occupait, et, si le roi leur faisait grâce, alors
il pourrait compter sur sa reconnaissance. Le
Prince ne resta que deux heures à Paris, et
repartit pour Lorient avec la même escorte.
On choisit ce port pour lieu d'embarquement,
parce qu'il est à l'extrémité de la Bretagne.

La reine Hortense était arrivée près de Paris (à Viry), et de là s'était adressée au gouvernement en faveur de son fils. On lui répondit que la tête de son fils ne courait aucun danger, et on lui fit connaître la décision qui le concernait. Mais le ministère, au lieu d'avoir pour une femme malheureuse tous les égards que sa position réclamait, ne lui fit voir que la crainte qui l'animait. Quoique souffrante et fatiguée par un voyage rapide, on lui ordonna de repartir précipitamment, et, chose difficile à croire, c'était aussi pour l'Amérique que M. Molé voulait la faire partir, sans même lui donner le temps de mettre ordre à ses affaires. On la pria d'engager son fils à rester dix ans en Amérique; mais elle répondit qu'elle ne pouvait prendre aucun engagement pour son fils et qu'il était maître de ses actions. Le gouvernement n'osa tenter aucune démarche de ce genre auprès du Prince. (*Voir* les pièces à l'appui, Lettre à M. V.... datée de Port-Louis.)

Cependant Napoléon-Louis était depuis huit jours dans la citadelle du Port-Louis, et les vents contraires retenaient toujours dans le port la frégate *l'Andromède*, qui devait le transporter à New-Yorck. Le gouvernement, toujours inquiet de la présence du Prince sur le territoire français, envoyait par le télégraphe ordre sur ordre pour accélérer son départ. Enfin, le 21 novembre, les ponts-levis de la citadelle s'abaissèrent. Le Prince, accompagné du sous-préfet de Lorient, du commandant de place, des officiers de gendarmerie, sortit par la *Porte de Secours*, tant on craignait le moindre contact avec la population, qui était accourue en foule pour assister à son départ, et s'embarqua sur un canot qui le conduisit à bord de la frégate, remorquée par un bateau à vapeur. En montant à bord, le Prince dit au sous-préfet qui lui exprimait le désir de le revoir en France comme citoyen : « Je ne pourrai y revenir que lorsque le lion de Waterloo ne sera plus debout sur la frontière. »

A cette occasion, M. E. Roch, qui a publié tous les documents relatifs à l'insurrection de Strasbourg, s'exprime ainsi : « Quoi qu'il en soit, le destin du jeune Napoléon-Louis semble commencer comme celui de son oncle a fini. Sans prétendre chercher des similitudes imaginaires, ce n'est pas néanmoins un rapprochement sans quelque intérêt, en regardant *l'Andromède* partir d'un port de France, de se souvenir du *Northumberland*, lorsqu'il s'éloigna d'une rade d'Angleterre; les vaisseaux traversant tous deux l'océan Atlantique, pour aller, par des routes opposées, déposer deux hommes du nom de Napoléon aux deux extrémités de la terre, et de remarquer, comme un

de ces jeux du hasard qu'on pourrait, à la rigueur, prendre pour des enseignements, que
le neveu de l'empereur avait choisi pour fran-
chir la frontière de France le même mois qui
avait vu son oncle poser le pied sur la terre de
Sainte-Hélène (le 17 octobre 1815). »

On croirait maintenant que l'action du gouvernement envers l'auteur de l'insurrection est
terminée ; mais nous avons encore des mesures pusillanimes à faire connaître, des accusa-
tions à repousser. Le vaisseau a quitté le ri-
vage français, et les organes du gouvernement
font retentir bien haut la clémence royale. Le
gouvernement, disent-ils, n'a pas voulu retenir
le Prince en prison, même pendant quelques
mois ; il touchera dans quelques jours la terre
hospitalière des États-Unis ; mais le commandant de la frégate avait des ordres cachetés,
qu'il ne devait ouvrir qu'au 32me degré de la-
titude, et qui lui enjoignaient de se rendre à
Rio-Janeiro, de retenir le Prince prisonnier à
bord, tout le temps qu'il resterait en rade, de
ne permettre aucune communication avec la
terre ferme, et de faire voile pour les États-
Unis, après être resté quelque temps au Brésil.
La frégate n'ayant aucune mission à remplir à
Rio-Janeiro, il est clair que cette disposition du
gouvernement a été prise dans le but d'obéir
à deux craintes également puissantes : celle de

retenir le Prince en France, même prisonnier, et celle de le laisser libre avant la fin du procès; mais, pour paraître toujours magnanime, il cache même aux parents du Prince la destination véritable du vaisseau, sans s'inquiéter des alarmes qu'il allait causer à tant de familles; car on était persuadé en France que la frégate avait fait voile pour les États-Unis; et les quatre mois qui s'écoulèrent sans en recevoir des nouvelles, et les tempêtes qui avaient assailli ce navire au départ de Lorient avaient donné lieu à de sinistres présages (1).

Ce n'est pas là que s'est arrêté le manque de délicatesse du gouvernement : le Prince a été tenu au secret tout le temps qu'il a passé en France, et, lorsqu'il est emmené dans un autre hémisphère, la calomnie n'en poursuit pas moins ses mensonges. Les journaux ministériels osent avancer qu'il a promis de rester dix ans en Amérique : en France on a tâché de le rendre ridicule; s'il revient, on s'efforcera de le rendre infâme. Il a été arraché au banc des accusés, mais on l'y accuse comme s'il était présent. Toute calomnie est permise pour atteindre un ennemi absent; et le jeune homme,

(1) Ce qui démontre jusqu'à l'évidence que la peur seule a dicté la conduite du gouvernement à l'égard du Prince, c'est l'obstination qu'il met à vouloir lui faire quitter la Suisse.

au cœur pur, à l'âme élevée, est accusé d'avoir trempé dans le complot de Fieschi. (*Voir* l'acte d'accusation à la fin de la brochure.) Tous les faits sont dénaturés, et son caractère tellement défiguré, que l'honorable Me Parquin, quoique dévoué au gouvernement de Juillet, ne peut retenir son indignation en entendant les calomnies entassées sur le Prince absent, et s'écrie : « Monsieur l'avocat général ne veut pas que le Prince ait séduit, ait égaré, ait entraîné les accusés... quelle raison en donne-t-il? Le Prince est incapable d'exercer le moindre ascendant; c'est un homme vulgaire, que ses relations ne recommandaient pas, digne de peu de faveur et d'intérêt... Avez-vous réfléchi, monsieur l'avocat général? pensez-vous qu'il soit bienséant, bien convenable, de s'étendre, comme vous le faites, sur les faiblesses, sur les défauts, sur le caractère peu méritoire du Prince, quand il est absent? Faut-il que ce soit des accusés que vous preniez, non pas leçon, mais exemple de délicatesse dans les procédés? Et si la presse, l'inexorable presse, qui recueille tout, vous le savez, ne laissait point tomber vos étranges paroles, si elle les portait au-delà de l'Océan, si elle les transmettait à l'oreille du Prince, quelles plaintes celui-ci ne serait-il pas en droit d'exhaler! Votre gouvernement, vous dirait-il, ne veut pas souffrir que je comparaisse devant ses tribunaux ; il m'en interdit l'accès, et, lorsque cédant à une contrainte , honorable dans son principe , mais à laquelle j'aurais voulu ne pas être soumis, je me suis expatrié, moi, au loin, il permet aux organes de la loi de m'injurier, de me diffamer ! On veut me perdre dans l'esprit de ces Français dont je porte la confiance et l'estime si haut ; une clémence qui se reconnaît à de pareils traits, qu'on la reprenne, je n'en veux pas. La vie avec l'opprobre ! la mort plutôt, mille fois la mort !.... »

Après ces paroles sublimes de verve et de vérité, il ne nous reste plus rien à dire. On sait que le prince Napoléon est revenu en Europe, rappelé par des bruits inquiétants sur la santé de la reine Hortense, et qu'il a traversé l'océan et les polices continentales assez à temps pour recevoir la bénédiction de son illustre et malheureuse mère, à son lit de mort ; on sait aussi que le jury alsacien, entraîné, non, comme on l'a dit, par un sentiment de légalité violée, mais par la sympathie de toute la population pour la cause napoléonienne, a prononcé le verdict d'acquittement qui a renversé les doctrinaires et ébranlé le gouvernement.

Nous avons écrit, avec impartialité, les détails d'une entreprise qui nous a fortement émus. Notre seul but a été de faire connaître la vérité, car la publicité est la seule ressource des opprimés : heureux ceux pour qui la relation exacte des faits est le plus bel éloge ! Il n'entre pas dans nos vues de considérer l'*événement* du 30 octobre dans les rapports qu'il pourrait avoir avec l'avenir, il nous suffit d'avoir montré le prestige qu'avait encore sur les masses le nom de Napoléon ; il nous suffit d'avoir montré que l'héritier de ce grand nom, s'il a de l'ambition, a du moins le courage de cette ambition, et que ce courage n'est pas le résultat d'un esprit exalté, mais la foi dans une cause populaire et la conscience de sa force. Enfin nous avons vu que le gouvernement français, tout en tâchant d'assoupir l'entreprise du Prince, a été obligé de reconnaître en lui la dynastie napoléonienne, puisqu'il a traité un de ses membres comme il avait traité la duchesse de Berri. Il a voulu assoupir un fait, et il a révélé un principe ; il a voulu annuler un homme, et il a fait de cet homme le chef d'un parti et le point de ralliement de l'opposition. Nous avons parlé sans exagération, car nous ne sommes les apologistes de personne ; mais nous avons voulu prouver que le prince Napoléon n'a pas démérité de sa patrie, et qu'il est un des dignes fils de notre belle France et le digne héritier de notre grand Empereur.

FIN.

PIÈCES JUSTIFICATIVES.

<hr>

PIÈCE N° 1.

PROCLAMATIONS

DU PRINCE NAPOLÉON-LOUIS BONAPARTE

AU PEUPLE FRANÇAIS.

Français,

On vous trahit; vos intérêts politiques, vos intérêts commerciaux, votre honneur, votre gloire sont vendus à l'étranger.

Et par qui? Par les hommes qui ont profité de votre belle révolution, et qui en renient tous les principes. Est-ce donc pour avoir un gouvernement sans parole, sans honneur, sans générosité, des institutions sans force, des lois sans liberté, une paix sans prospérité et sans calme, enfin, un présent sans avenir que nous avons combattu depuis quarante ans?

En 1830, on imposa à la France un gouvernement sans consulter ni le peuple de Paris, ni le peuple des province, ni l'armée française; tout ce qui a été fait sans vous est illégitime.

Un congrès national, élu par tous les citoyens, peut

seul avoir le droit de choisir ce qui convient le mieux à la France.

Fier de mon origine populaire, fort de quatre millions de votes qui me destinaient au trône, je m'avance devant vous comme représentant de la souveraineté du peuple.

Il est temps qu'au milieu du chaos des partis, une voix nationale se fasse entendre ; il est temps qu'aux cris de la liberté trahie vous renversiez le joug honteux qui pèse sur notre belle France ; ne voyez-vous pas que les hommes qui règlent nos destinées sont encore les traîtres de 1814 et de 1815, les bourreaux du maréchal Ney ?

Pouvez-vous avoir confiance en eux ?

Ils font tout pour complaire à la Sainte-Alliance ; pour lui obéir, ils ont abandonné les peuples, nos alliés ; pour se soutenir, ils ont armé le frère contre le frère ; ils ont ensanglanté nos villes, ils ont foulé aux pieds nos sympathies, nos volontés, nos droits.

Les ingrats ! ils ne se souviennent des barricades que pour préparer les forts détachés ; méconnaissant la grande nation, ils rampent devant les forts et insultent les faibles. Notre vieux drapeau tricolore s'indigne d'être plus longtemps entre leurs mains ! Français ! que le souvenir du grand homme qui fit tant pour la gloire et la prospérité de la patrie vous ranime ! Confiant dans la sainteté de ma cause, je me présente à vous, le testament de l'empereur Napoléon d'une main (1), son épée d'Austerlitz

(1) C'est au passage suivant du testament de l'Empereur que le Prince fait allusion.

Je lègue mon domaine privé (200 millions), moitié aux officiers et soldats qui restent des armées françaises qui ont combattu, depuis 1792 jusqu'en 1815, pour la gloire et l'indépendance de la nation (la répartition en sera faite au prorata des appointements d'activité), moitié aux villes et campagnes d'Alsace, de Lorraine, de Franche-Comté, de Bourgogne, de l'Ile de France, de Champagne,

de l'autre. Lorsqu'à Rome le peuple vit les dépouilles ensanglantées de César, il renversa ses hypocrites oppresseurs. Français, Napoléon est plus grand que César ; il est l'emblème de la civilisation du xixe siècle.

Fidèle aux maximes de l'empereur, je ne connais d'inérêt que les vôtres, d'autre gloire que celle d'être utile à la France et à l'humanité. Sans haine, sans rancune, exempt de l'esprit de parti, j'appelle sous l'aigle de l'empire tous ceux qui sentent un cœur français battre dans leur poitrine.

J'ai voué mon existence à l'accomplissement d'une grande mission. Du rocher de Sainte-Hélène, un rayon du soleil mourant a passé dans mon âme. Je saurai garder ce feu sacré, je saurai vaincre ou mourir pour la cause du peuple.

Hommes de 1789, hommes du 20 mars 1815, hommes de 1830, levez-vous ! voyez qui vous gouverne ; voyez

Forez, Dauphiné, qui auraient souffert de l'une ou l'autre invasion.

Il sera, de cette somme, prélevé un million pour la ville de Brienne et un million pour la ville de Méry. Viennent ensuite plusieurs dons particuliers.

300,000 francs aux officiers et soldats du bataillon de ma garde de l'île d'Elbe, actuellement vivants, ou à leurs veuves et enfants, au prorata des appointements, et selon l'état qui sera arrêté par mes exécuteurs testamentaires. Les amputés ou blessés grièvement auront le double. L'état en sera arrêté par Larrey et Emmery.

100,000 francs pour être répartis entre les proscrits qui errent en pays étrangers, Français, Italiens, ou Belges, ou Hollandais, ou Espagnols, ou des départements du Rhin, sur ordonnance de mes exécuteurs testamentaires.

200,000 francs pour être répartis entre les amputés ou blessés grièvement de Ligny, Waterloo, encore vivants, sur des états dressés par mes exécuteurs testamentaires, auxquels seront joints Cambronne, Larrey, Percy et Emmery. Il sera donné double à la garde, quadruple à ceux de l'île d'Elbe.

l'aigle, emblème de gloire, symbole de liberté, et choisissez! Vive la France! Vive la liberté!

Signé: NAPOLÉON.

A L'ARMÉE.

Soldats!

Le moment est venu de recouvrer votre ancienne splendeur! Faits pour la gloire, vous pouvez moins que d'autres supporter plus long-temps le rôle honteux qu'on vous fait jouer. Le gouvernement, qui trahit nos intérêts civils, voudrait aussi ternir notre honneur militaire. L'insensé! croit-il que la race des héros d'Arcole, d'Austerlitz, de Wagram, soit éteinte?

Voyez le lion de Waterloo encore debout sur nos frontières; voyez Huningue privé de ses défenses; voyez les grades de 1815 méconnus; voyez la Légion-d'Honneur prodiguée aux intrigants et refusée aux braves; voyez notre drapeau..... il ne flotte nulle part où nos armes ont triomphé! Voyez, enfin, partout trahison, lâcheté, influence étrangère, et écriez-vous avec moi : Chassons les barbares du Capitole! Soldats, reprenez ces aigles que nous avions dans nos grandes journées : les ennemis de la France ne peuvent en soutenir les regards; ceux qui vous gouvernent ont déjà fui devant elles! Délivrer la patrie des traîtres et des oppresseurs, protéger les droits du peuple, défendre la France et ses alliés contre l'invasion : voilà la route où l'honneur vous appelle; voilà quelle est votre sublime mission!

Soldats français, quels que soient vos antécédents, venez tous vous ranger sous le drapeau tricolore régénéré; il est l'emblème de vos intérêts et de votre gloire. La patrie divisée, la liberté trahie, l'humanité souffrante, la gloire en deuil comptent sur vous : Vous serez à la hauteur des destinées qui vous attendent.

Soldats de la république, soldats de l'empire, que mon nom réveille en vous votre ancienne ardeur. Et vous, jeunes soldats, qui êtes nés comme moi au bruit du canon de Wagram, souvenez-vous que vous êtes les enfants des soldats de la grande armée. Le soleil de cent victoires a éclairé notre berceau. Que nos hauts faits ou notre trépas soient dignes de notre naissance ! Du haut du ciel, la grande ombre de Napoléon guidera nos bras, et, contents de nos efforts, elle s'écriera : « Ils étaient dignes de leurs pères ! »

Vive la France ! vive la liberté !

Signé : NAPOLÉON.

AUX HABITANTS DE STRASBOURG.

Alsaciens,

A vous l'honneur d'avoir les premiers renversé une autorité qui, esclave de la Sainte-Alliance, compromettait chaque jour davantage notre avenir de peuple civilisé ! Le gouvernement de Louis-Philippe vous détestait particulièrement, braves Strasbourgeois, parce qu'il déteste tout ce qui est grand, généreux, national. Il a blessé votre honneur en cassant vos légions ; il a froissé vos intérêts en consacrant les droits d'entrée, et en permettant l'établissement de douanes étrangères qui paralysent votre commerce.

Strasbourgeois vous avez mis la main sur vos blessures, vous m'avez appelé au milieu de vous pour qu'ensemble nous vainquions et mourions pour la cause du peuple. Guidé par vous et par les soldats, je touche enfin, après un long exil, le sol sacré de la patrie. Grâces vous en soient rendues ! Alsaciens ! mon nom est un drapeau qui doit vous rappeler de grands souvenirs ;

et ce drapeau, vous le savez inflexible, devant *les partis et l'étranger*, ne s'incline que devant la majesté du peuple.

Honneur, patrie, liberté, voilà notre mobile et notre but. Paris, en 1830, nous a montré comment on renverse un gouvernement impie ; montrons-lui, à notre tour, comment on consolide les libertés d'un grand peuple.

Strasbourgeois ! demain nous marchons sur Paris pour délivrer la capitale des traîtres et des oppresseurs. Reformez vos bataillons nationaux qui effrayaient un gouvernement impopulaire ; gardez pendant notre absence votre ville, ce boulevart de l'indépendance de la France, aujourd'hui le berceau de sa régénération. Que l'ordre et la paix règnent dans vos murs, et que le génie de la France veille avec vous sur vos remparts.

Alsaciens ! avec un grand peuple on fait de grandes choses. J'ai une foi entière dans le peuple français.

Signé : NAPOLÉON.

Ces proclamations ont été répétées dans tous les journaux, et M. E. Roch dit avec raison : « Il y avait, dans ces expressions, cette magie de parole, la plus grande puissance de Napoléon, et capable de ressusciter toute la magie des souvenirs. »

PIÈCE N° 2.

PREMIÈRE LETTRE DU PRINCE A SA MÈRE, DATÉE DE LA PRISON DE STRASBOURG, OU IL LUI ANNONCE SON ENTREPRISE MANQUÉE.

Ma chère mère,

Vous avez dû être bien inquiète de ne pas recevoir de mes nouvelles, vous qui me croyez chez ma cousine ;

mais votre inquiétude redoublera, lorsque vous apprendrez que j'ai tenté à Strasbourg un mouvement qui a échoué. Je suis en prison, ainsi que d'autres officiers : c'est pour eux seuls que je suis en peine; car moi, en commençant une telle entreprise, j'étais préparé à tout. Ne pleurez pas, ma mère; je suis victime d'une belle cause, d'une cause toute française; plus tard on me rendra justice, et l'on me plaindra.

Hier dimanche, à six heures, je me suis présenté devant le 4ᵉ d'artillerie, qui m'a reçu aux cris de *Vive l'Empereur* : nous avions détaché du monde. Le 46ᵉ a résisté; nous nous sommes trouvés pris dans la cour de la caserne. Heureusement, il n'y a pas eu de sang français répandu ; c'est ma consolation dans mon malheur! Courage, ma mère ; je saurai soutenir jusqu'au bout l'honneur du nom que je porte.

M. Parquin est aussi arrêté. Faites copier cette lettre pour mon père, et contribuez à calmer son inquiétude. Charles a demandé à partager ma captivité ; on le lui a accordé. Adieu, ma chère mère ; ne vous attendrissez pas inutilement sur mon sort. La vie est peu de chose; l'honneur et la France sont tout pour moi.

Recevez l'assurance de mon sincère attachement ; je vous embrasse de tout mon cœur.

Votre tendre et respectueux fils,

Signé : NAPOLÉON-LOUIS BONAPARTE.

Strasbourg, le 1ᵉʳ novembre 1836.

PIÈCE N° 5.

LETTRE DU PRINCE A SA MÈRE, ÉCRITE DE PARIS DE LA
PRÉFECTURE DE POLICE.

Ma chère mère,

Je reconnais à votre démarche toute votre tendresse
pour moi; vous avez pensé au danger que je courais,
mais vous n'avez pas pensé à mon honneur, qui m'obli-
geait à partager le sort de mes compagnons d'infortune.
J'éprouve une douleur bien vive en me voyant séparé des
hommes que j'ai entraînés à leur perte, lorsque ma présence et mes dépositions auraient pu influencer le jury
en leur faveur. J'écris au roi pour qu'il jette sur eux un
regard de bonté : c'est la seule grâce qui puisse me
toucher.

Je pars pour l'Amérique; mais, ma chère mère, si
vous ne voulez pas augmenter ma douleur, je vous en
conjure, ne me suivez pas; l'idée de faire partager à ma
mère mon exil de l'Europe serait, aux yeux du monde,
une tache indélébile pour moi, et pour mon cœur cela
serait un chagrin cuisant. Je veux, en Amérique, faire
comme Achille Murat, me créer moi-même une existence :
il me faut un intérêt nouveau pour pouvoir m'y plaire.

Je vous prie, ma chère mère, de veiller à ce qu'il ne
manque rien aux prisonniers de Strasbourg ; prenez soin
des deux fils du colonel Vaudrey, qui sont à Paris avec
leur mère. Je prendrais bien facilement mon parti, si je
savais que mes autres compagnons d'infortune auront la
vie sauve ; mais avoir sur la conscience la mort de braves soldats, c'est une douleur amère qui ne peut jamais
s'effacer.

Adieu, ma chère mère, recevez mes remerciements pour toutes les marques de tendresse que vous me donnez ; retournez à Arenemberg, mais ne venez pas me rejoindre en Amérique, j'en serais trop malheureux. Adieu. Recevez mes tendres embrassements ; je vous aime toujours de tout mon cœur.

Votre tendre et respectueux fils,

Signé : Napoléon-Louis Bonaparte.

PIÈCE Nº 4.

Extrait d'une lettre écrite du Port-Louis, a M. O. Barrot, en date du 15 novembre 1836.

..... Devant les lois, mes compagnons d'infortune sont coupables de s'être laissé entraîner, mais jamais, aux yeux du pays, il n'y eut plus de causes atténuantes en leur faveur. Je tins à ces officiers, le 29 au soir, le langage suivant : « Messieurs, vous connaissez tous les griefs de la nation envers le gouvernement du 9 août ; mais vous savez aussi qu'aucun parti existant aujourd'hui n'est pas assez fort pour le renverser, aucun assez puissant pour réunir tous les Français, si l'un d'eux parvenait à s'emparer du pouvoir. Cette faiblesse des partis vient de ce que chacun d'eux ne représente les intérêts que d'une seule classe de la société. Les uns s'appuient sur le clergé et la noblesse ; les autres sur l'aristocratie bourgeoise, d'autres enfin sur les prolétaires seuls. Dans cet état de choses, il n'y a qu'un seul drapeau qui puisse rallier tous les partis, parce qu'il est le drapeau de la France et non celui d'une faction; c'est l'aigle de l'empire. Sous cette bannière qui rappelle tant de souvenirs glorieux, il n'y a aucune classe qui puisse être expulsée; elle représente les intérêts et les droits de tous. L'empereur Napoléon tenait son pouvoir du peuple français : quatre fois son autorité reçut la sanction populaire. En 1804, l'hérédité, dans la famille de l'empereur, fut reconnue par quatre millions de votes : depuis le peuple n'a plus été consulté. Comme l'aîné des neveux de la famille impériale, je puis donc me considérer comme l'un des représentants de l'élection populaire, je ne dirai pas de l'empire, parce que depuis vingt ans, les idées, les besoins de la France ont dû changer; mais un principe ne peut pas être annulé par des faits; il ne peut l'être que par un autre principe. Or, ce ne sont pas les douze cent mille étrangers de 1815, ce n'est pas la Chambre des 219 de 1830 qui peuvent rendre nul le principe de l'élection populaire de 1804. Le système napoléonien consiste à faire marcher la civilisation sans désordre et sans excès, à donner l'élan aux idées, tout en développant les intérêts matériels, à raffermir le pouvoir en le rendant respectable, à discipliner les masses d'après les facultés intellectuelles, enfin à réunir autour de l'autel de la patrie les Français de tous les partis, en leur donnant pour mobile l'honneur et la gloire. Remettons, leur dis-je, le peuple dans ses droits, l'aigle sur nos drapeaux et la stabilité dans nos institutions. Eh quoi ! m'écriai-je enfin, les princes de droit divin trouvent bien des hommes qui meurent pour eux, dans le but de rétablir des abus et des priviléges; et moi, dont le nom représente la gloire, l'honneur, les droits du peuple français, mourrai-je donc seul dans l'exil ! — Non, m'ont répondu mes braves compagnons d'infortune, vous ne mourrez pas seul; nous mourrons avec vous, ou nous vaincrons ensemble pour la cause du peuple français ! »

Vous voyez donc, Monsieur, que c'est moi qui les ai séduits, entraînés, en leur parlant de tout ce qui pouvait le plus émouvoir des cœurs français. Ils me parlèrent de leurs serments : Je leur rappelai qu'en 1815 ils avaient juré fidélité à Napoléon II et à sa dynastie : « L'invasion seule, leur dis-je, vous a délié de vos serments ? Eh bien ! la force peut rétablir ce que la force seule a détruit.

PIÈCE N° 5.

Citadelle de Port-Louis, 19 novembre 1836.

Mon cher M...,

Je ne veux pas quitter l'Europe sans venir vous remercier des généreuses offres de service que vous m'avez faites dans une circonstance bien malheureuse pour moi. J'ai reçu votre lettre à la prison de Strasbourg, je n'ai pu vous répondre avant aujourd'hui. Je pars le cœur déchiré de n'avoir pas pu partager le sort de mes compagnons d'infortune. J'aurais voulu être traité comme eux. Mon entreprise ayant échoué, mes intentions ayant été ignorées, mon sort ayant été, malgré moi, différent de celui des hommes dont j'avais compromis l'existence, je passerai, aux yeux de tout le monde, pour un fou, un ambitieux, un lâche.

Avant de mettre le pied en France, je m'attendais bien, en cas de non réussite, aux deux premières qualifications. Quant à la troisième, elle est par trop cruelle !

J'attends les vents pour partir, sur la frégate *l'Andromède*, pour New-York : Vous pouvez m'y écrire *poste
restante*. Je saurai supporter ce nouvel exil avec résignation ; mais ce qui me désespère, c'est de laisser dans les
fers des hommes auxquels le dévoûment à la cause napoléonienne a été si fatal. J'aurais voulu être la seule victime.

Adieu, mon cher M.***; bien des choses de ma part à
madame ***. Je n'oublierai jamais les marques si touchan-
tes que vous m'avez données de votre amitié pour moi.

Je vous embrasse de cœur,

Signé : NAPOLÉON-LOUIS BONAPARTE.

P. S. Il est faux qu'on m'ait demandé le moindre serment
de ne plus revenir en Europe.

PIÈCE Nº 6.

EXTRAIT DE L'ACTE D'ACCUSATION.

Des divers membres de la famille Bonaparte, bannis à
la suite des événements de 1814 et de 1815, les deux fils
de l'ancien roi de Hollande semblent avoir été ceux qui
ont nourri avec le plus de force l'espoir chimérique de
reprendre, en France, la place de l'homme qui a jeté
tant de gloire sur leur nom.

Fixés à peu de distance de nos frontières, à proximité
de l'Italie, ils semblaient avoir choisi pour demeure le
point qui les mettait le plus à portée de suivre et d'ap-

précier les événements qui pourraient leur offrir le plus de chances de réaliser leurs desseins. (1)

Ces espérances, dont le calme dans lequel s'écoulèrent les dernières années de la restauration avait attiédi la chaleur, se réveillèrent avec une intensité nouvelle au moment de la révolution de juillet, et au bruit des commotions qui semblaient devoir ébranler le sol de la vieille Europe.

Les mouvements qui éclatèrent à cette époque en Italie paraissent avoir appelé surtout leur attention. Ce pays avait fait partie de l'ancien empire français; c'était le théâtre duquel leur oncle s'était annoncé pour la première fois au monde; leur origine, leur nom étaient Italiens, puis l'Italie, c'était pour eux le chemin de la France; c'était aussi celui du pouvoir. Aussi les vit-on, dès les premiers symptômes des troubles qui se manifestèrent dans cette contrée, s'y jeter tous deux avec la ferme volonté d'y donner de la consistance. Ce premier essai fut malheureux : L'un mourut à la peine; l'autre, accablé par la maladie, épuisé par la souffrance, dut pour la seconde fois la vie à sa mère. L'expérience et le souvenir du malheur ne lui furent point toutefois d'assez grands maîtres. La générosité dont dès lors, et dans des circonstances difficiles, le gouvernement français fit preuve à son égard, n'eut point davantage de fruits. (2) Une deuxième fois il devait être l'objet d'un acte de clémence appelé à prendre part dans les plus belles pages de l'histoire contemporaine.

(1) La reine Hortense vint en Suisse en 1816; ses deux fils avaient, l'un dix ans, l'autre sept; et ils étaient, suivant M. l'avocat général, déjà conspirateurs !

(2) On sait que la reine Hortense passa par Paris incognito en 1831, et que c'est elle-même qui fit avertir le roi de son passage en France, que le gouvernement ignorait complètement. C'est donc elle qui fit preuve de générosité.

Dès le mois de mai 1832, il cherche de nouveau à s'emparer de la scène ; le jeune soldat, dont l'épée venait d'être brisée en Italie, se saisit de la plume ; aux tentatives du guerrier succèdent celles du législateur. Louis Bonaparte publie ses *Rêveries politiques* ; il les fait suivre d'un projet de constitution.

Les *Rêveries* contiennent la pensée que la France ne saurait être régénérée que par des hommes du sang de Napoléon, et qu'à eux seuls il pouvait appartenir de concilier les exigences des idées républicaines avec celles de l'esprit guerrier. La constitution répond aux promesses du préambule : Elle est démocratique ; plusieurs de ses dispositions semblent écrites sous des inspirations saint-simoniennes ; en même temps elle porte, dans son 1er article, que la république aura un empereur, et dans son dernier, comme pour empêcher que l'on ne prît de nouveau le change sur l'acception du mot, que la garde impériale sera rétablie.

Des lames de sabre, saisies à Strasbourg avant l'événement du 30 octobre, et sur lesquelles se trouvent l'aigle et les mots *garde impériale*, prouvent que Louis Bonaparte n'a point cessé de songer sérieusement à l'accomplissement de la disposition finale du pacte qu'il voulait octroyer.

Il est à remarquer qu'à l'époque de cette publication, le jeune duc de Reichstadt vivait encore ; mais on ne saurait oublier en même temps qu'il était atteint d'une maladie mortelle, et qui laissait sans doute à ses héritiers, moins qu'à tout autre, l'espoir d'une guérison. Tout donne lieu de croire que, sous le voile de l'esprit de famille, Louis Bonaparte cherchait à faire valoir un intérêt plus intime encore, qui lui était entièrement personnel. (1)

(1) A-t-on jamais vu sortir une accusation aussi infâme de la

Les faits qui ont suivi viennent entièrement à l'appui de ces assertions. Depuis 1832, tous les efforts de Louis Bonaparte tendent à appeler sur lui l'attention. Il publie de nouvelles brochures; l'une contient des considérations sur l'état politique et militaire de la Suisse; l'autre (1) s'adresse à l'artillerie, à l'arme dans laquelle Napoléon avait servi; de nombreux envois en sont faits en France; plus tard une main amie trace son histoire dans la *Biographie des Hommes du Jour*. On en tire de nombreux exemplaires. (2)

D'un autre côté, il cherche à nouer des liaisons avec les mécontents, toujours si nombreux dans un pays profondément sillonné par de grandes révolutions, et à la suite du déclassement opéré par elles. Il recrute des adhérents dans toutes les classes de la société.

Les militaires surtout sont l'objet de ses prévenances; en tous lieux il les recherche, il court au devant d'eux, il les réunit dans des banquets, il parle avec enthousiasme du temps de l'empire; il utilise, en un mot, autant qu'il est en son pouvoir, le prestige qui s'attache toujours, quel que soit d'ailleurs le caractère de la personne, à un nom illustre ou à une grandeur déchue.

Du reste, pendant long-temps, ses projets n'ont rien de fixe et de déterminé; il saisit avec avidité tous les bruits

bouche d'un ministère public! Le prince Napoléon, qui a versé des larmes de sang sur la mort du duc de Reichstadt, se réjouir d'un malheur qui frappait si douloureusement tous les membres de sa famille!...

(1) Ce que M. l'avocat général nomme *l'autre brochure* est un ouvrage de 500 pages, contenant 50 lithographies, ouvrage de science et produit d'un travail de plusieurs années.

(2) Huit mille exemplaires furent vendus *pendant* le procès, et de nombreuses contrefaçons furent faites à l'étranger.

prochains ; il pense qu'au milieu du désordre il pourra se créer la place qu'il ambitionne.

Un horrible crime doit se commettre, de sourdes rumeurs, que l'on entend toujours à l'approche des grandes catastrophes, l'annoncent long-temps d'avance : il attend le moment ; près de lui se trouvent les accusés Persigny et Gricourt, que l'on verra plus tard prendre une part si active à l'attentat du 30 octobre.

Plus tard viennent aussi à se troubler les relations de paix qui existent depuis long-temps entre la France et un pays voisin, exploité par toutes les passions haineuses ; le conflit semble acquérir un caractère sérieux. Louis-Bonaparte veut profiter de la circonstance : c'est la Suisse qui doit être le point de départ du mouvement qu'il cherche à organiser

Mais la Providence veille sur les jours du roi, la raison reprend sa place dans les conseils d'une nation si souvent renommée par sa sagesse ; il faut tourner d'un autre côté ses espérances, et c'est ce que fait Louis Bonaparte, C'est vers l'armée que se portent ses regards ; c'est à une révolution militaire qu'il songe ; il se rappelle les cohortes prétoriennes ; les souvenirs du 18 brumaire et du 20 mars appartiennent à sa famille ; une révolution militaire vient d'éclater en Espagne, une autre en Portugal. Il espère que celle qu'il veut diriger sera aussi heureuse ; il se nourrit d'ailleurs de l'espoir commun aux conspirateurs de toutes les époques ; il aime à penser que ce que le petit nombre aurait osé tenter serait approuvé par beaucoup et souffert par tous.

Toutefois, un point d'appui lui manque encore ; il lui faut le concours d'un chef de corps. L'homme nécessaire lui apparaît dans la personne d'un colonel d'artillerie, en garnison à Strasbourg, et connu par l'influence qu'il exerce sur son régiment : tous les moyens de séduction qui sont en son pouvoir, Louis Bonaparte les met en usage ; il triomphe bientôt de la molle résistance qui lui est opposée. Il acquiert la confirmation de ce triomphe, le 26 octobre au matin, dans une auberge du Val d'Enfer (1).

Dans la soirée du 28, il arrive à Strasbourg ; les divers conjurés, qui n'habitaient point la ville, *y étaient accourus de toutes parts* ; c'est le 30 octobre qu'éclatent les attentats sur lesquels il appartient à la justice de prononcer.

PIÈCE N° 7.

EXTRAIT D'UNE LETTRE ÉCRITE DE NEW-YORK A M***.

30 avril 1837.

Maintenant je vous dois une explication des motifs qui m'ont fait agir. J'avais, il est vrai, deux lignes de conduite à suivre ; l'une, qui, en quelque sorte, dépendait de moi ; l'autre des événements. En choisissant la première, j'étais, comme vous le dites fort bien, un moyen ; en attendant la seconde, je n'étais qu'une ressource. D'après mes idées, ma conviction, le premier rôle me semblait bien préférable au second. Le succès de mon entreprise m'offrait les avantages suivants : je faisais, par un coup

(1) Comment le ministère public a-t-il pu être si mal informé ? puisque le Prince n'avait vu personne dans cet endroit avant l'affaire de Strasbourg.

de main, en un jour, l'ouvrage de dix années, peut-être ; réussissant, j'épargnais à la France les luttes, les troubles, les désordres d'un bouleversement qui arrivera, je crois, tôt ou tard. « L'esprit d'une révolution, dit M. Thiers, se compose de passions pour le but, et de haine pour ceux qui font obstacle ; » ayant entraîné le peuple par l'armée, nous aurions eu les nobles passions sans la haine ; car la haine ne naît que de la lutte entre la force physique et la force morale. Personnellement, ensuite, ma position était claire, nette, partant facile. Faisant une révolution avec quinze personnes, si j'arrivais à Paris, je ne devais ma réussite qu'au peuple, et non à un parti ; arrivant en vainqueur, je déposais, de plein gré, sans y être forcé, mon épée sur l'autel de la patrie ; on pouvait alors avoir foi en moi ; car ce n'était plus seulement mon nom, c'était ma personne qui devenait une garantie. Dans le cas contraire, je ne pouvais être appelé que par une fraction du peuple, et j'avais pour ennemis, non un gouvernement débile, mais une foule d'autres partis, *eux aussi peut-être nationaux.*

D'ailleurs, empêcher l'anarchie est plus facile que de la réprimer ; diriger les masses est plus facile que de suivre leurs passions. Arrivant comme ressource, je n'étais qu'un drapeau de plus jeté dans la mêlée, dont l'influence, immense dans l'agression, eût peut-être été impuissante pour rallier. Enfin, dans le premier cas, j'étais au gouvernail, sur un vaisseau qui n'a qu'une seule résistance à vaincre ; dans le second cas, au contraire, j'étais sur un navire battu par tous les vents, et qui, au milieu de l'orage, ne sait quelle route il doit suivre. Il est vrai qu'autant la réussite de ce premier plan m'offrait d'avantages, autant le non succès prêtait au blâme. Mais, en entrant en France, je n'ai pas pensé au rôle que me ferait une défaite; je comptais, en cas de malheur, sur mes proclamations comme testament, et sur la mort comme un bienfait. Telle était ma manière de voir....

FIN DES PIÈCES JUSTIFICATIVES.